北海道
ぶらり歴史探訪ルートガイド

北海道の歴史を見て歩く会 著

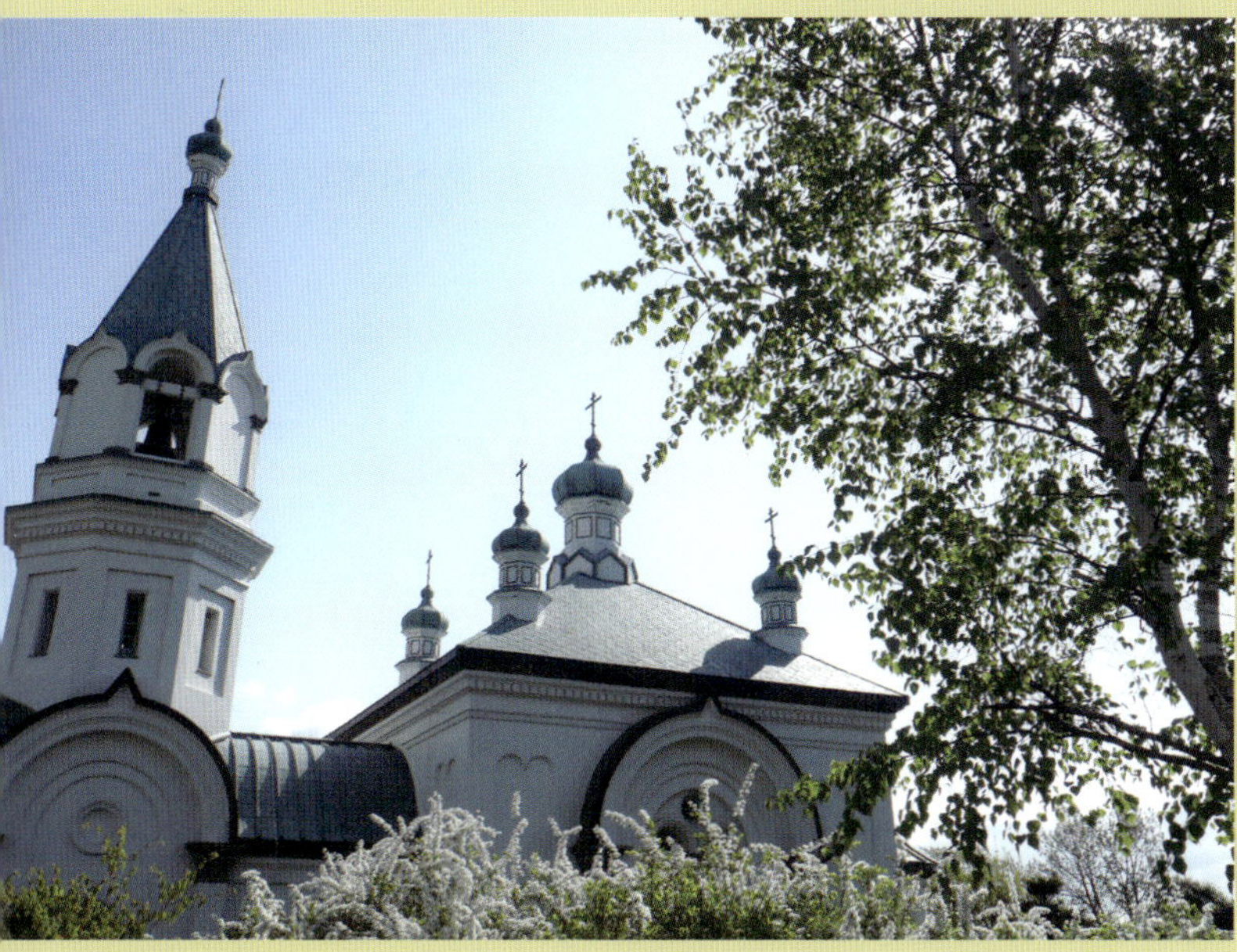

メイツ出版

目次
CONTENTS

北海道 ぶらり歴史探訪 ルートガイド

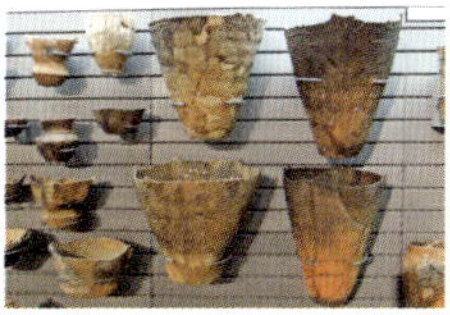

※本書は2010年発行の『北海道 歴史探訪ウォーキング』を元に加筆・修正を行っています。

北海道 ぶらり歴史探訪 ルートガイドMAP

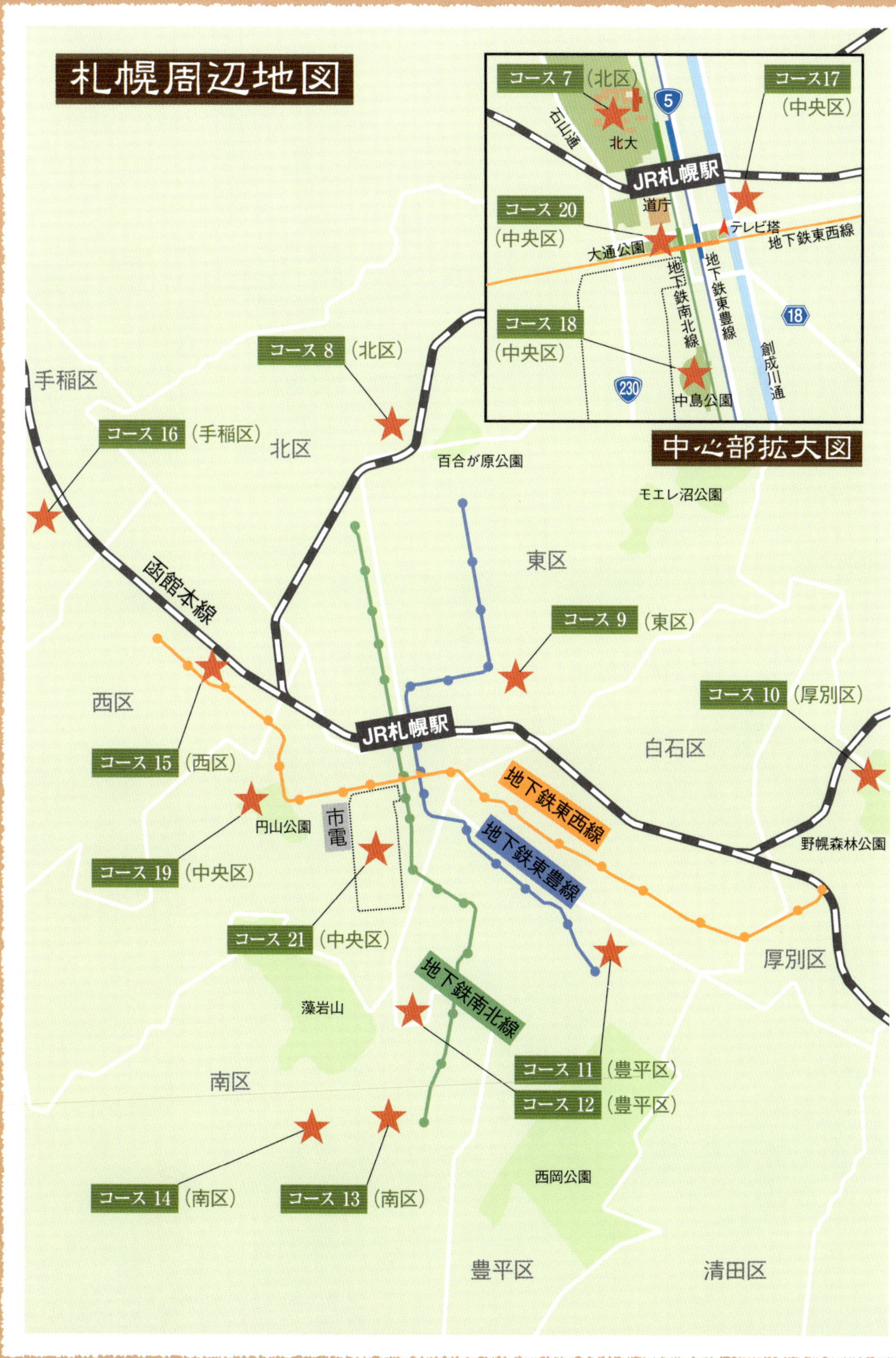
札幌周辺地図
中心部拡大図
コース 7（北区）
コース17（中央区）
石山通
北大
5
JR札幌駅
道庁
コース 20（中央区）
テレビ塔
地下鉄東西線
大通公園
地下鉄南北線
地下鉄東豊線
18
コース 18（中央区）
創成川通
230
中島公園
コース 8（北区）
手稲区
コース 16（手稲区）
北区
百合が原公園
モエレ沼公園
東区
函館本線
コース 9（東区）
西区
コース 10（厚別区）
JR札幌駅
白石区
コース 15（西区）
地下鉄東西線
円山公園
市電
地下鉄東豊線
野幌森林公園
コース 19（中央区）
コース 21（中央区）
厚別区
藻岩山
地下鉄南北線
南区
コース 11（豊平区）
コース 12（豊平区）
西岡公園
コース 14（南区）
コース 13（南区）
豊平区
清田区

この本の見方

北海道の歴史を本州と比較すると、旧石器時代や縄文時代などの古代の時期は同じようにありますが、奈良、平安、鎌倉時代のような熱い時代の流れはありません。しかし、アイヌ文化や屯田兵制度など北海道にしか見られない歴史もあります。「歴史の重みとは何か」、「自然の重みとは何か」、広い北海道の歴史を探訪する一助となるべく本書の見方をご紹介します。

A…コースの場所

紹介するコースの市町名を表示。

B…メイン写真

掲載したコースのメインとなる箇所の写真を掲載。このため紹介文が次ページ以降になることもあります。

C…コース紹介・本文

コースの順番に各スポットのタイトルを入れて詳細を解説しています。

D…コースナンバーとガイド

スタートからゴールまで各コースのスポットの回り方と順番を紹介。スポットとスポットの間の距離と所要時間をあくまで目安として表記しています。この距離と所要時間が表記されていない所は、スポットとスポットが隣接している場合で、およそ100m以内にあるときです。バスや電車の所要時間は標準的なものを掲載、天候や交通状況によって変わることがあります。また徒歩の時間も積雪などない状況を基本にしています。

E…総ウォーキング距離

掲載したコースの徒歩（ウォーキング）の距離数の合計を目安として表記しています。

F…所要時間

「所要時間」は、各スポットのおおよその滞在時間などを含めたコースを回るときにかかる全体の時間を目安として表記しています。各スポットの滞在時間は、個人差があることを前提にして参考にしてください。

G…コースMAP

紹介しているコースのスタートからゴールまでの順路を矢印の方向で示しています。表記している点線や線の色は次のように分けています。

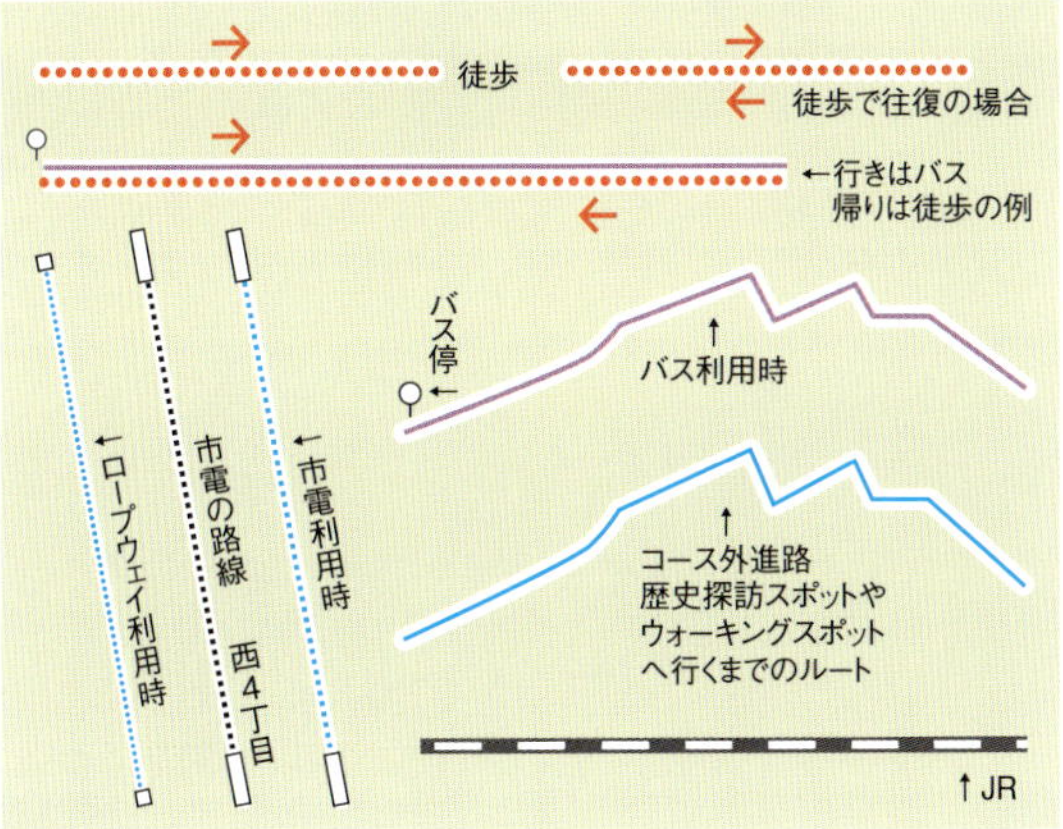

本文を理解しやすくする参考にもなります。

H…歴史探訪メモ

そのコースの中心人物や施設、事柄などに関わることをわかりやすく紹介。

I…データ

主に史跡や施設紹介の場合、開館期間や時間、入館料の有無など事前に情報を入手しておくことが便利な場合に掲載しています。なお、ご利用の際は改めてご確認ください。

J…歴史探訪スポットとウォーキングスポット

ここのスペースでは、右記のどちらかのタイトルでスポットを紹介しています。掲載しているコースの全体を見て、ふさわしい方を選択しています。

K…ミニ開拓人物史

掲載している地域に何らかの関連性がある、北海道開拓時代に活躍した歴史上の偉人を紹介。

※掲載している本書の内容は2019年2月現在のものです。

コース1

北海道の小京都、松前城と寺町

現在の松前城は、1949（昭和24）年の大火による焼失後、1961（昭和36）年に再建されたもの

幕末の城は明治の激戦地

松前城《まつまえじょう》

バス停から300mのところに北海道唯一の城（チャシや郭は除く）・松前城がある。竣工は1854（安政元）年で、この頃から松前城（福山城）と呼ばれるようになる。この時の藩主は松前崇広《たかひろ》、海防のため、すでにあった福山館《ふくやまだて》の修築を幕府から命じられたのは1849（嘉永2）年のことである。それから5年がかりで松前城は完成することになる。

設計は軍学者・市川一学《いちかわいちがく》、本丸・二の丸・三の丸からなり、本丸東南隅には三層の天守が築かれ、三の丸には七基の砲台が置かれた。海からの攻撃に備え、城外にも大砲が設置された。

築城まもなく松前城は激しい攻防戦を体験している。1868（明治元）年

館内に鎧や衣服など幕末や明治の展示物が多数ある

には、独立政権の樹立を目指す旧幕府の榎本武揚の軍勢によって落城させられるが、翌年には榎本らの政権は降伏、再び松前氏の領有となる。1871（明治4）年には明治政府の領有となり、その後、天守や本丸を除くほとんどが取り壊された。

松前城は250種、1万本以上の桜がある名所でもある

❶ 松前城・松前城資料館

●松前町字松城●開館／9：00〜17：00（時期4/10〜12/10）●入館料／大人360円、小中学生240円、幼児無料●TEL／0139-42-2216

松前町 コース1

函館バス「松城」停

▼ 0.3km・3分

❶ 松前城（松前城資料館）

▼ 0.3km・3分

❷ 阿吽寺〈松前城の方にもどる〉

▼ 0.4km・4分

❸ 光善寺

▼ 0.1km・1分

❹ 龍雲院

▼ 0.1km・1分

❺ 法源寺

▼ 0.1km・1分

❻ 法幢寺

▼ 0.4km・4分

❼ 松前藩屋敷

▼ 1.2km・13分

函館バス「松城」停

総ウォーキング距離　約2.9km
所要時間　約2時間30分

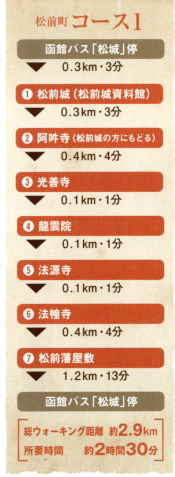

北海道では珍しい 寺町《てらまち》

狭いエリアに五つもの由緒ある寺院が集まる町は、北海道では、そうそう見当たらない。歴史探訪には松前城とともに欠かせないところである。

〈阿吽寺《あうんじ》〉

城前から少し歩いて右へ入ると、阿吽寺。寺の名は真言密教の奥義「阿吽の呼吸」から付けられた。

この寺を含め初期の蝦夷地支配には、津軽の豪族であった安東盛季《あんどうもりすえ》が大きく関与している。安東盛季は室町時代の１４４３（嘉吉３）年に南部義政に攻められ、蝦夷地に逃げ込んだ後、「道南12館」と呼ばれる住居のある砦へ発展させた。

江戸時代に入ってすぐの１６１７（元和３）年に、松前福山館の鬼門を守るために阿吽寺が建立されたといわれている。

昔日の松前城の面影を残す、阿吽寺の山門

❷ 阿吽寺
●松前町字松城３７１
●ＴＥＬ／０１３９-４２-２２４９

〈光善寺《こうぜんじ》〉

寺伝では１５３３（天文２）年の創建とされている。

仁王門と山門は江戸期の作が現存している。また樹齢３００年以上と推定されている、境内の血脈桜《けちみゃくざくら》は有名である。

江戸時代作の光善寺・仁王門

❸ 光善寺
●松前町字松城303
●TEL／0139-42-2680

〈龍雲院《りゅううんいん》〉

光善寺から城方向に戻るように歩くと、１６２５（寛永２）年の建立とされている龍雲院がある。境内には一般公開はされてはいないが「蝦夷霞桜」がある。

歴史探訪スポット 「専念寺」

寺町エリアには入らない松前の寺院は三つ。法華時、正行寺、そして浄土真宗では北海道最古のお寺、専念寺である。

ここは松前家の特別な保護を受け、幕末までは蝦夷地のお布施を独占するような「エゾ御坊」と呼ばれたほどの名刹であった。

専念寺緋桜《ひざくら》という品種でも「名」のある寺

専念寺
●松前町字唐津268●TEL／0139-42-2223

入母屋屋根の龍雲院・本殿

❹ **龍雲院**
●松前町字松城305
●TEL／0139-42-2449

〈法源寺《ほうげんじ》〉

1469（文明元）年に奥尻島に草庵を結んだ古寺である。奥尻から上ノ国に移り、さらに1515（永正11）年に松前の大館に移ったとされている。現在の地に移されたのは、松前の1619（元和5）年頃といわれている。修理はされているが、山門だけが江戸中期のもので本堂などは明治に入って再建されている。

❺ **法源寺**
●松前町字松城341
●TEL／0139-42-2146

法源寺・山門は江戸期のもの

〈法幢寺《ほうどうじ》〉

法源寺から西へ100m、松前家の菩提寺である法幢寺の山門がある。境内には珍しい孟宗竹があり、美しい庭園がある。隣接して松前藩主墓所があり、55基の墓が並んでいる。

❻ **法幢寺**
●松前町字松城307
●TEL／0139-42-2209

松前家の菩提寺、法幢寺・山門

松前藩屋敷

江戸の街並みを再現

「松前の五月は江戸にもない」といわれた、その街並みを再現した松前藩屋敷。海の関所「沖の口奉行所」、藩士の暮らした「武家屋敷」「商家」「番屋」など14棟が軒を連ねている、テーマパーク施設である。

江戸時代へタイムスリップできる

❼ **松前藩屋敷**
●松前町西館68●開館／9：00～17：00（開館時期4／上～10／末）●休館／開館期間は無休●入館料／大人360円、小人240円●TEL／0139-43-2439

ミニ開拓人物史

松前慶広《まつまえよしひろ》

1548（天文17）年～1616（元和2）年。安土桃山・江戸初期の武将。松前藩初代藩主。

もとは蛎崎姓だったがアイヌ語でマツオマイ（女の住む沢）、あるいは大名になるのに尽力してくれた家康の旧姓である松平の松と前田利家の前から付けたという説がある。

コース2

函館・元町の教会と洋館の歴史散策

高い鐘塔とネギ花状の小ドームが目を引く函館ハリストス正教会

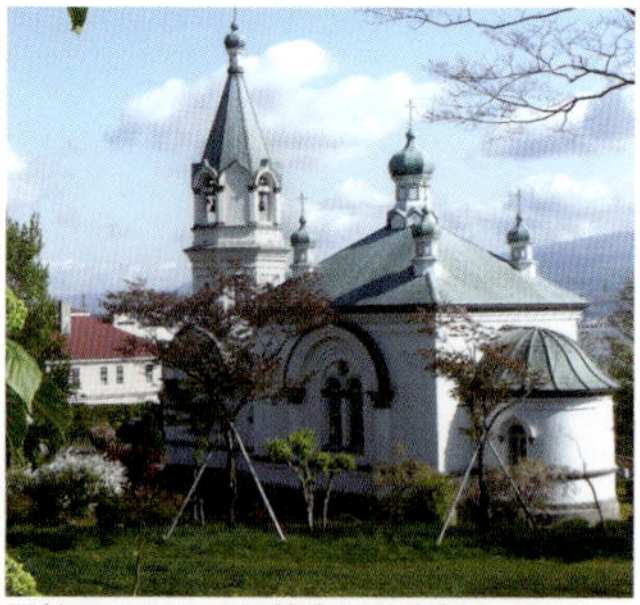

函館ハリストス正教会は日本初のギリシャ正教会聖堂

１８５９（安政元）年が始まり カトリック元町教会＆函館ハリストス正教会

市電通りから、１８７９（明治12）年の函館大火を機に防火帯として整備された幅約36mの二十間坂をゆっくりと上る。左手に現れる東本願寺函館別院の大屋根の向こうに見え隠れするのが函館の教会群だ。大三坂の途中に建つのは、六角の尖塔が特徴のカトリック元町教会。さらに港が丘通りを挟んで函館聖ヨハネ教会とロシアビザンチン様式の函館ハリストス正教会が並ぶ。函館聖ヨハネ教会を除き一般公開している教会内では聖像や祭壇も見学できる。

　函館ハリストス正教会は、１８５９（安政元）年にロシア領事館付属聖堂として建てられ、ギリシャ正教の伝道のため来日した司教ニコライにより日本初の聖堂として正教会に移管。初代の聖堂は１９０７（明治

40）年に焼失したがその後再建し、今も市民から「ガンガン寺」の愛称で親しまれている。

函館市 コース2

市電「十字街」電停

▼ 0.6km・7分

① カトリック元町教会

② 函館ハリストス正教会

▼ 0.4km・5分

③ 旧函館区公会堂

▼ 0.8km・9分

④ 旧ロシア領事館

▼ 1.1km・12分

⑤ 函館市旧イギリス領事館

▼ 0.3km・3分

⑥ 函館中華会館

▼ 0.4km・4分

市電「末広町」電停

総ウォーキング距離 約3.6km
所要時間 約2時間

33mの大鐘楼と荘厳なゴシック様式のカトリック元町教会

❶ カトリック元町教会

●函館市元町15-30●開館／教会行事日を除く10：00～16：00（土日曜の午前を除く）●休館／無休●入館料／無料●TEL／0138-22-6877

❷ 函館ハリストス正教会

●函館市元町3-13●開館／教会行事日を除く10：00～17：00（土曜～16：00、日曜13：00～16：00●休館／無休（冬期12月26日～3月中旬不定休、12月25日最終拝観日）●入館料／200円（献金）●TEL／0138-23-7387

区民の集会所として誕生

旧函館区公会堂

北海道改正区制の施行により、札幌区、小樽区と並んで函館区が誕生したのは1899（明治32）年。当時、区民の集会所として利用されていた「町会所」の焼失を機に、1910（明治43）年に再建されたのが現在の旧函館区公会堂である。

建築費用は有志による寄付と地元の豪商、初代相馬哲平の多大な援助によってまかなわれた。設計から施工、請負まで、技術の粋を極めた技士や職人が腕を競い、コロニアル・スタイルの外観、随所に装飾が施された内観とともに、希に見る豪華な洋風建築物となった。

なお、1階のハイカラ衣裳館ではドレスやタキシードをレンタルすることができ、これらを着て写真撮影もできる。

名士主催の舞踏会や文化団体による音楽会などが行われた大広間

当時のカラーを再現したスカイライトグレーとレモンイエローの外観

❸ 旧函館区公会堂
●函館市元町11-13●開館／9:00〜19:00（11〜3月は〜17:00）●休館／無休（9〜4月は月1回不定休、2018年10月1日〜2021年4月頃（予定）※保存修理工事のため）●入館料／300円（ハイカラ衣裳館のレンタル料金は別途）●TEL／0138-22-1001

江戸から昭和まで

各国との足跡の証し

〈旧ロシア領事館〉

旧函館区公会堂から港が一望できる小径を通り抜けて弥生坂へ。坂上の聖マリア教会を右に見ながら、傾斜地の住宅街を西へ進むと旧ロシア領事館のある幸坂に出る。和風建築を取り入れたこの洋館は、1944（昭和19）年までロシア領事館として活躍していた。

❹ 旧ロシア領事館
●函館市船見町17-3
（外観のみ見学可能）
●TEL／0138-21-3323
（函館市観光コンベンション部）

赤レンガと白漆喰による外壁が美しい旧ロシア領事館

ミニ 開拓 人物史

高田屋嘉兵衛《たかたやかへえ》

函館市民であれば誰でも知っていると言っていいくらいポピュラーな偉人なのが高田屋嘉兵衛なのだ。淡路島で生まれ船乗りになり廻船業者として蝦夷地・箱館に進出。江戸時代後期の廻船業者として腕を振るう。

1801（享和元）年、33歳の嘉兵衛は「蝦夷地定雇船頭」を任じられ名字帯刀を許され、大坂町奉行から蝦夷地産物売捌方を命じられるなど漁場の開拓を進める。この頃から高田屋の財は上昇し、箱館の発展のためにも貢献している。

1812（文化9）年、嘉兵衛は択捉からの帰途、国後島沖でゴロウニン幽囚の報復としてロシア軍艦に捕えられカムチャッカに連行される。翌年帰国後、ゴロウニン釈放に尽力するなど日本とロシアの融和にも力を注いだ。

〈函館市旧イギリス領事館〉

高龍寺や称名寺など甍を並べた寺町を横目に急勾配の幸坂を下りる。和洋折衷様式の住宅や店舗が点在する町並を散策しながら元町公園の方へもどる。幅の広い基坂にユニオンジャックを掲げた瀟洒な建物が見える。ここが函館市旧イギリス領事館。1859（安政6）年から函館には75年間に渡り英国領事館が置かれていた。現在の建物は1913（大正2）年建造の洋館で、内部は開港記念館として一般に開放されている。

館内では洋風文化をいち早く取り入れた当時の函館の様子や、領事官夫妻の暮らしぶりにも触れられる。建物奥のヴィクトリアン・ローズガーデンも異国情緒にあふれている。

ヴィクトリア時代を彷彿とさせる洋館はイギリス人設計士によるもの

シンプルかつ繊細なデザインが施された函館市旧イギリス領事館の内部

⑤ 函館市旧イギリス領事館

●函館市元町33-14●開館／9：00〜19：00（11〜3月は〜17：00）●休館／年末年始を除き無休●入館料／300円（展示室）●TEL／0138-27-8159

〈函館中華会館〉

函館市旧イギリス領事館から基坂を横切り、バス通りを西へ少し進んだ右手にあるのが函館中華会館である。これは日本に現存する唯一の純中国様式の建物で、1910（明治43）年に函館在住の華僑たちが、故郷の中国から建築士、彫刻士、漆工など技術者を呼び寄せて建設したもの。

内部は見ることができないが、これまで幾度か期間限定で公開されている。なお、鮮やかな赤煉瓦《れんが》造りの外観は、いつでも見学することができる。

⑥ 函館中華会館

●函館市大町1-12●外観のみ見学可能●TEL／0138-22-1211（函館市函館華僑総会）

函館中華会館は釘を使わない清朝時代末期の技術で建設された

ミニ開拓人物史
メルメ・カション

幕末に来日したフランス人の神父。1859（安政6）年に設けた仮聖堂を起源としてカトリック元町教会の木造の初代聖堂を建立した。

コース3

戦いの遺跡、五稜郭と軍事土木遺産

五つの稜が美しい星形を作り出す特別史跡五稜郭を上空から望む

最後の内戦の舞台

特別《とくべつ》史跡《しせき》五稜郭《ごりょうかく》

道南有数の桜の名所として知られる五稜郭公園は、わが国最初の西洋式城塞をそのままの姿で残した国指定の特別史跡である。完成は今から150余年前の幕末期。黒船来航をきっかけに開国を余儀なくされた徳川幕府は、開港したこの地に箱館奉行を設置し、国際貿易港の名に恥じない産業開発や市街地整備に乗り出す。さらに諸外国に対する防備強化を図るため、箱館諸術調所の教授で洋式軍学者でもあった武田斐三郎に新要塞の設計を命令した。ヨーロッパの城郭都市と要塞をモデルに建造された五稜郭は、工事に約7年を費やし1864(元治元)年に完成にこぎつく。

それから4年後、時代は大きな変革期を迎える。鳥羽・伏見の戦いに端を発した

道南屈指の桜の名所としても知られる五稜郭公園

戊辰戦争が勃発し、東征を果たした維新政府軍が、旧幕府海軍副総裁の榎本武揚に軍艦引き渡しを迫るもこれを拒否。新選組副長土方歳三らを従えて、五稜郭を

函館市 コース3

市電「十字街」電停
▼〈市電〉0.6km・7分
函館山ロープウェイ山麓駅
▼〈ロープウェイ〉0.1km・3分
函館山ロープウェイ山頂駅
▼ 0.7km・8分
つつじ山駐車場
▼ 1.2km・30分
③ 函館山要塞跡〈千畳敷コース〉
▼ 1.2km・30分
つつじ山駐車場
▼ 0.7km・8分
函館山ロープウェイ山頂駅〜山麓駅

市電「五稜郭公園前」電停
▼ 0.8km・9分
① 特別史跡五稜郭
▼〈公園外周〉1.8km・20分
② 五稜郭タワー
▼ 0.8km・9分
市電「五稜郭公園前」電停
▼〈市電〉4.3km・17分

総ウォーキング距離 約7.2km
所要時間 約5時間

五稜郭内の箱館奉行所は1871（明治4）年に解体された。2006年から復元工事が行われ2010年にオープンした

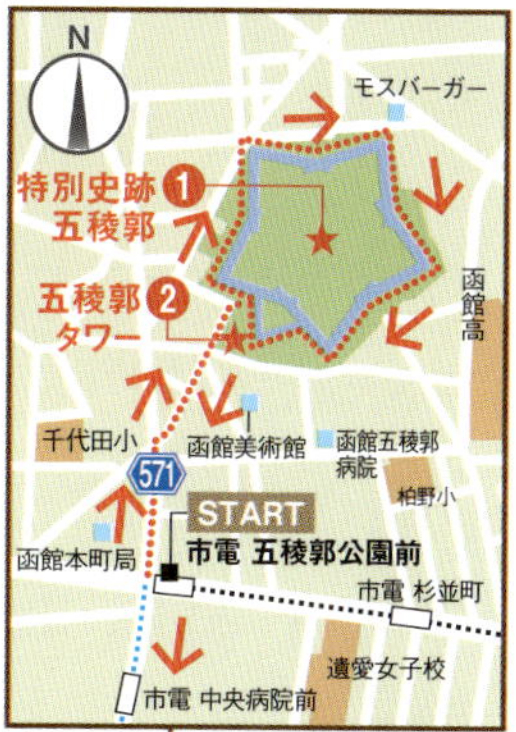

占拠してしまう。翌年、維新政府軍の総攻撃が始まり、港入口の弁天台場に立てこもった新選組は市街地を挟んで五稜郭と分断。敗戦を悟った榎本は、大鳥圭介らとともに降伏へと傾くが、行き場を失った土方は馬を蹴り壮絶な戦死を遂げる。

❶**特別史跡五稜郭**（五稜郭公園）
●函館市五稜郭町44
●入園自由
●TEL／0138-21-3456
（函館市教育委員会生涯学習部文化財課）

星形の城郭を望む
五稜郭タワー

五稜郭公園外周の散策路をぐるりと回った後は、高さ90ｍの五稜郭タワー展望台から星形の西洋式城塞をじっくりと眺めてみよう。展望2階には、竣工当時の五稜郭を再現した「五稜郭復元模型」や激動の歴史を紹介する「五稜郭物語」、16景のジオラマで綴る「メモリアルポール」も展示されている。

2006年に建て替えられた高さ107mの五稜郭タワー

❷ **五稜郭タワー**
●函館市五稜郭町43-9●開館／8:00～19:00（10/21～4/20は9:00～18:00）●休館／無休●展望料金／900円
●TEL／0138-51-4785

歴史探訪メモ

榎本武揚《えのもとたけあき》
1836（天保7）年～1908（明治41）年。江戸末期の幕臣、明治の政治家。オランダ留学ののち幕府の海軍副総裁となるが、維新政府軍の江戸入城を知り幕府軍艦を蝦夷地へと向かわせる。箱館戦争終結後、投降したがのちに赦され、逓相、文相、外相などを歴任。

無傷の防衛拠点
函館山要塞跡《はこだてやまようさいあと》

五稜郭の歴史に触れたあとは、市電に乗って十字街まで出る。ここから函館山ロープウェイの山麓駅まで歩き、125人乗りの大型ロープウェイに乗れば約3分で山頂駅に到着。駅の左側の道を進むと、つつじ山駐車場の奥に函館山ハイキングコースの案内板が立てられている。牛が寝

函館山山頂へは大型ロープウェイで約3分

❸ **函館山要塞跡**
●函館山山頂および周辺●TEL／0138-21-3333
（函館市元町観光案内所）

歴史探訪スポット
「箱館《はこだて》高田屋《たかたや》嘉兵衛《かへえ》資料館《しりょうかん》」

1769（明和6）年、淡路島に生まれた高田屋嘉兵衛は箱館を拠点にエトロフ航路を開いた北洋漁業の先駆者。道内初の造船所を作り、幕府から造船を命ぜられるなどその功績は大きい。私財をすべて港の整備や地域発展に投じたことから「函館発展の恩人」と呼ばれている。

28歳で箱館にやってきた高田屋嘉兵衛の貴重な資料が揃う

箱館高田屋嘉兵衛資料館
●函館市末広町13-22●開館／9:00～17:00（入館～16:30）●休館／木曜（祝日の場合は翌日）、冬期休業あり、要問い合せ●入館料／300円
●TEL／0138-27-5226

そべっているような形から「臥牛山《がぎゅうさん》」とも呼ばれる函館山には、起伏に富んだいくつもの散策コースが整備され、老若男女を問わず気軽にウォーキングが楽しめる。

　函館山のもうひとつの魅力は、多種多様な動植物に恵まれていること。その理由はこの山の知られざる歴史にある。1895（明治28）年の日清戦争終結後、ロシアとの間で緊張が高まり、函館市および函館港と津軽海峡の防衛を目的に、要塞の建設工事が始まったのは1897（明治30）年。4年余りをかけて函館山全体に5ヶ所の砲台と堡塁が完成した。翌年には要塞地帯法が制定され、その後、太平洋戦争が終結するまで、函館山は一般市民の立ち入りを禁止。人為的ではあるが、結果的に山の自然が約半世紀にわたり守られたことは、戦争による正の遺産とも言えそうだ。

　約600種の植物と約150種の野鳥とともに残された函館山の要塞は、現在、傷みの激しい一部の施設を除き一般に開放されている。約1・9kmの千畳敷コースでは、御殿山第2砲台をはじめ千畳敷砲台、戦闘司令所など主要施設を見学することができる。整備された散策路は歩きやすく、コース途中から他のコースへ合流したりゴール地点から下山ルートへも繋がっている。ただし、崩落の危険性があるため立入禁止となっている場所も多く、十分な注意が必要である。

当時のまま現存する函館山砲台跡は北海道遺産に選定されている

つつじ山駐車場から御殿山第2砲台へ向かう道で見つけた遺構

砲台の近くにいくつもあるレンガ造りの砲具庫跡

見晴らしのいい高台に千畳敷戦闘司令所があった

ミニ開拓人物史

土方歳三《ひじかたとしぞう》

　幕末期の幕臣、新選組副長。新選組時代は鬼の副長として恐れられ、戊辰戦争では旧幕府軍サイドの指揮官の一人として各地を転戦。

　戊辰戦争の最後の戦場になった箱館五稜郭防衛戦で狙撃を受けて戦死と伝えられているが、遺体は見つかっておらず、謎が多い。近年になって味方から撃たれたという説も出てきている。

コース4

歌人・石川啄木の短歌をめぐる探訪

大森浜の一部が望める岬近くの高台に建つ、啄木一族の墓

啄木ゆかりの〝大森浜〟
啄木小公園へ

函館駅前からバスに乗ると、およそ17分で「啄木小公園」のバス停に着く。バス停から直進し国道を渡ると、すぐ海が見える。その国道沿いの公園の中に彫刻家本郷新作の「啄木坐像」がある。台座には次の歌が浮き彫りになっている。

潮かをる北の浜辺の
砂山のかの浜薔薇《はまなす》よ
今年も咲けるや

昭和33年建立の「啄木坐像」

啄木小公園の隣、大森浜に面して建っている「土方・啄木浪漫館」は民間の資料館。啄木の実物大ハイテクロボットや函館との関わりを資料で展示し、1階には土方歳三記念館を併設。館の外には歌集に見立てた歌碑が建てられている。

砂山の砂に腹這ひ
初恋のいたみを
遠くおもひ出づる日

函館市 コース4

函館駅着、市電「函館駅前」電停
（谷地頭行き）乗車
▼〈市電〉2.3km・9分
市電「青柳町」電停
▼ 0.2km・2分
③ 函館公園の啄木歌碑
▼ 0.2km・2分
スポット 石川啄木居住地跡（案内板）
▼ 1.6km・18分
④ 啄木一族の墓
▼ 0.9km・10分
市電「谷地頭」電停

JR函館駅前 バスターミナル
函館バス（湯倉神社経由、函館空港または日吉営業所行き）乗車
▼〈バス〉2.4km・17分
函館バス「啄木小公園」停
▼ 0.1km・1分
① 啄木小公園
② 土方・啄木浪漫館
▼ 0.8km・9分
函館バス「宇賀浦町」停
函館バス（函館駅前行き）乗車
▼〈バス〉1.6km・15分

総ウォーキング距離　約3.8km
所要時間　約3時間

歴史探訪メモ

石川啄木の人生

1886（明治19）年2月、岩手県南岩手郡（現在の盛岡市）に誕生。

1907（明治40）年5月、岩手県渋民村から函館に移る。同年9月に札幌に一時移り、同月には小樽で「小樽日報」の記者となる。翌1908（明治41）年1月には釧路の新聞社に勤務。同年4月には東京であこがれの創作活動に励む。

1912（明治45）年4月、東京文京区で26歳の若さで逝去。

作品は、処女歌集「一握の砂」1910（明治43）年刊行（明治41～43年の作品551首を収録）、第二歌集「悲しき玩具」明治45年刊行（明治43～44年の作品194首と歌論2編を収録）

啄木が函館に在住したのは5月〜9月のわずか4ヶ月余り。大森浜で海水浴をしたことを自らの日記に記しており、またよく散策した場所でもある。1907（明治40）年当時、このあたりの浜には「砂山」があったという。この大森浜の海岸沿いの国道を歩き、宇賀浦町のバス停から函館駅にもどる。

啄木浪漫館の外の歌碑

約100年前に啄木が歩いた大森浜。当時から「白砂」ではなく「カニ」もいなかったという

❶ **啄木小公園** ●函館市日乃出町25

❷ **土方・啄木浪漫館**（哀愁テーマパーク）
●函館市日乃出町25-4●開館／9：00〜18：00●休館／無休●入館料／600円●TEL／0138-56-2801

啄木と青柳町

函館公園の歌碑

函館駅から今度は市電に乗って、青柳町の電停で降りる。函館に来た21歳の啄木は、同人誌を発行していた苜蓿社《ぼくしゅくしゃ》の人たちに温かく迎えられ、彼らの世話で代用教員の職を得ている。そして7月、妻子を呼び寄せここ青柳町に新居を構えた。さらに8月18日には函館日日新聞社の遊軍記者となり、かつてない安定した生活にほっとしたのもつかの間、同25日の函館大火で勤務先の小学校と新聞社、さらに苜蓿社も焼失している。

電停から歩いて約2分、函館公園の一角にある歌碑には次の歌が刻まれている。

函館の青柳町こそ
かなしけれ 友の恋歌
矢ぐるまの花

啄木の書を写した歌碑は、宮崎郁雨が1953（昭和28）年に建立。碑の裏には宮崎郁雨の言葉も刻んである

❸ **函館公園の歌碑**
●函館市青柳町17番地●TEL／0138-22-7255（函館公園管理事務所）

この歌の「かなしけれ」は「せつなくなるほどなつかしい」という解釈ができる。啄木は苜蓿社の若い仲間と歌を作りあっていたが、独身者ばかりの男たちならば「恋歌」も多かったのだろう、そのなつかしさを詠んだのである

歴史探訪スポット

「石川啄木居住地跡」

函館公園に沿った桜坂は、啄木通りとも呼ばれている。この通り沿いに進んだわき道の入口に「石川啄木居住地跡」という看板があるだけで、啄木とは関係のない普通の民家が並ぶだけである。50m程離れたところに、文学評論家、亀井勝一郎の碑があり「人生邂逅し開眼し瞑目す」の文字が刻まれている。

啄木が家族とともに暮らした居住地跡付近

死ぬ時は函館で…

啄木一族の墓

函館公園の脇を通り、谷地頭の電停を通り過ぎ少し歩くと、「立待岬・啄木一族の墓」という案内板がある。ここを左へ入ると一直線の坂道になり、8分ほど歩くと啄木一族の墓が左側にある。この墓には1912（明治45）年4月13日亡くなった啄木、その約1ヶ月前に死んだ母カツと夭折した啄木の長男、啄木の死の翌年に亡くなった妻・節子の亡骸も眠っている。

この墓を建立したのは友人で援助者でもあった、宮崎郁雨。啄木の妻・節子の妹と結婚し、苜蓿社の同人でもあった。一族の墓に寄り添うように宮崎家一族の墓も並ぶ。さらに、啄木を崇拝した砂山影二の歌碑も並んでいる。啄木は死ぬ時は函館で…という言葉を妻・節子に伝えていたという。墓碑の歌は「東海歌」と呼ばれる次の歌である。

立待岬の方から見た、啄木一族の墓と坂道

東海の
小島の磯の白砂に
われ泣きぬれて
蟹とたはむる

この歌は単なる情景歌なのだろうか。まず、「東海の」が不思議で、北海ではない。現在の東海地方でもないだろう。いや、函館や日本を地球レベルで引いて見れば日本は太平洋＝東の海に面していることになるので、小島は日本であるという解釈もできる。その中の函館という大森浜で、泣きながら「蟹」とたわむれる小さな自分がいる。「蟹」は横に歩くことで横文字、欧米文学を意味するという解釈もあるが、「蟹」は「短歌」そのものを言い換えたという解釈もある。

「東海の…」の歌が刻まれた、墓の正面

❹ 啄木一族の墓
●函館市住吉町16

ミニ 開拓人物史

宮崎郁雨《みやざきいくう》（本名 大四郎）

石川啄木夫人・節子の妹の夫。啄木の生前から啄木一家を物心両面にわたって支え、啄木の死後に墓碑建立。

節子未亡人の依頼を受けて啄木の遺品を納めて函館図書館啄木文庫をつくる。その後函館図書館に「啄木を語る会」を発足。毎回出席し講演をしていた。

宮崎家の墓は函館の立待岬にある啄木一族の墓のすぐ側に寄り添うように建てられている。

コース5

ニシンにまつわる神話と栄華に酔う

旧中村家住宅、ヒバ材を使った母屋の2階は書院造り

江差町 **コース5**

- JR江差駅跡
- ▼ 1.4km・15分
- ❶ 姥神大神宮
- ▼ 0.5km・6分
- ❷ 旧檜山爾志郡役所
- ▼ 0.1km・1分
- ❸ 旧中村家住宅（いにしえ街道）
- ▼ 0.4km・4分
- ❹ 横山家
- ▼ 0.6km・4分
- ❺ 開陽丸青少年センター
- ▼ 2.0km・20分
- JR江差駅跡

総ウォーキング距離　約5km
所要時間　約2時間30分

折居姥《おりいうば》の草創とされる
姥神大神宮《うばがみだいじんぐう》

言い伝えでは、約５６０年前になる１４４７（文安４）年に折居姥によって創建されたとされている。

ある老婆がここに草庵を結び、予言をすると当たることから「折居様」と呼ばれ、神のように崇められた。

不漁のある年、折居様は岩の上に座る翁から、白い水の入った瓶を受け取り、これを海の中に投げ入れると「ニシン」という小さな魚が打ち寄せるという翁《おきな》のお告げを聞いた。折居様が瓶を投げると、お告げの通り海岸には今まで見たこともない魚の群れが押し寄せてきた。さらに折居様はニシンの獲り方も伝授した。

江差の人たちにニシン漁を教えた、その折居様が祈りを捧げていた神像を起源とするのが姥神大神宮である。

由緒ある、姥神大神宮

歴史探訪メモ

姥神大神宮《うばがみだいじんぐう》渡《と》御祭《ぎょさい》

起源を探ると360有余年の伝統を持つという、姥神大神宮渡御祭は日本を代表する北海道の誇れる神事である。毎年、8月9日、10日、11日の3日間行われる。

13台ある華麗な山車（ヤマと呼ぶ）が吹き流しや錦の御旗をひるがえし、町内を練り歩く壮大な祭りである。

❶ 姥神大神宮

●江差町字姥神町99●姥神大神宮渡御祭・問い合せはTEL／0139-52-4815（江差観光コンベンション協会事務局内）

伝統行事は観光客にも人気

館内では建物の歴史などを紹介

郡役所の設置は1879（明治12）年

旧《きゅう》檜山《ひやま》爾志《にし》郡役所《ぐんやくしょ》

姥神大神宮から東方向に歩き、一度「いにしえ街道」に入り右へ入ると道内で唯一現存する郡役所庁舎。ここは、1887（明治20）年に旧檜山爾志郡役所兼江差警察署庁舎として建設されたもので、洋館のモダニズムを今に伝えてくれる。

❷ 旧檜山爾志郡役所
●江差町字中歌町112●開館／9:00～17:00●休館／4/1～10/30は無休、11/1～3/31の休館は月曜、祝日の翌日、年末年始●入館料／大人300円、小中学生100円●TEL／0139-54-2188

ニシン漁全盛時代の足跡

旧中村家住宅

旧中村家住宅は江戸時代から日本海沿岸の漁家を相手に、海産物の仲買商を営んでいた近江商人の大橋字兵衛が建てたものである。その後、大正初めに中村米吉が譲り受け、1974（昭和49）年に町に寄贈、1982（昭和57年）から一般公開している。

家屋は北前船が運んできた笏谷石《しゃくだにいし》を積み上げた土台に、総ヒノキアスナロ（ヒバ）の切妻造りの母屋がある。これに浜側の方へ文庫倉、下の倉、ハネ出しまでが続く、当時の問屋建築の代表的な造りになっている。

2階建ての母屋は、1階に3人の手代が座れる帳場があり、2階には贅を尽くした床の間などがある。

切妻屋根の正面。家屋は浜側に向かって長く伸びている

❸ 旧中村家住宅
●江差町字中歌町22●開館／9:00～17:00●休館／4/1～10/30は無休、11/1～3/31の休館は月曜、祝日の翌日、年末年始●入館料／大人300円、小中学生100円●TEL／0139-52-1617

歴史探訪スポット

「法華寺」

創立されたのは上ノ国で戦国時代といわれている。本堂の建立は江戸時代の1721（享保6）年、荘厳な建築美を誇っている。山門は檜山奉行所の正門として建てられたもので約300年の歴史を持つ。

本堂の天井に描かれた「八方にらみの龍」も文化的価値が高い。

由緒ある法華寺の山門

法華寺
●江差町字本町71●開館／9:00～17:00●休館／不定休●入館料／大人300円、小中学生150円●TEL／0139-52-0355

歴史の香り漂う1kmの道

いにしえ街道

旧中村家住宅方面の中歌口から開陽丸青少年センターの方につながる姥神口までの1060mが「いにしえ街道」。明治初期まで盛んに行われたヒノキ材とニシンの取引に関連した問屋、蔵、商家、町屋などの歴史的建造物が数多く残されている。

現在も8代目が住む

横山家

初代は1786（天明6）年にここで漁業、商業、回船問屋を営んでいた。現在の建物は1850（嘉永2）年頃に建てられたもので、約160年の歴史を持つ。

母屋と四番倉にはニシン漁全盛期のころに使用されていた生活用具などが陳列されており、当時の暮らしを偲ばせる。明治の初めまではこのような網元の家が軒を連ねていたが、今はここだけとなり、家屋を守り続けた8代目が住んでいる。

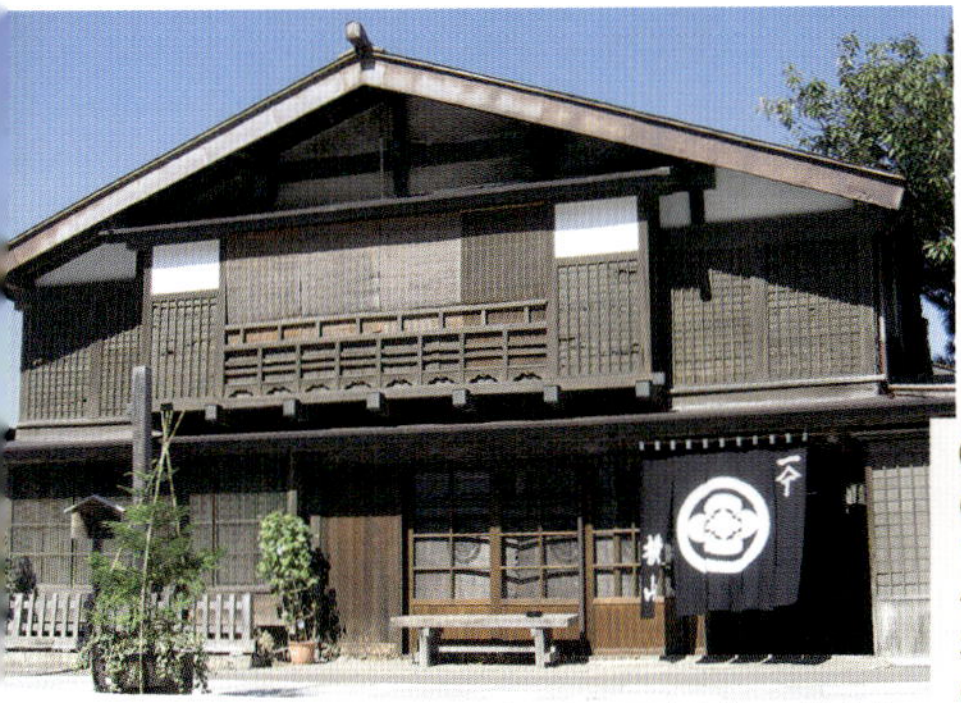

初代から現在まで200年以上の歴史を持つ、横山家

❹ 横山家
●江差町字姥神町45●開館／9:00〜17:00●休館／4月下旬〜11月末は無休、12月〜4月中旬休館●入館料／大人300円、中学生150円、小学生100円●TEL／0139-52-0018

幕府軍艦「開陽丸」を復元

開陽丸青少年センター

オランダで建造された「開陽丸」（戊辰戦争中に江差沖で座礁・沈没）を設計図をもとに復元。内部は資料館になっており、海底から回収されたものを含め約3000点の展示品がある。ここからゴールのJR江差駅跡までは、2kmの道のりとなる。

開陽丸の資料館には、開陽丸の大砲や生活用具などが展示されている

❺ 開陽丸青少年センター
●江差町字姥神町1番地1-10●開館／9:00〜17:00●休館／4/1〜10/30は無休、11/1〜3/31の休館は月曜、祝日の翌日、年末年始●入館料／大人500円、小中学生250円●TEL／0139-52-5522

ミニ 開拓 人物史

繁次郎《しげじろう》

笑え
わらえ へば
ええごとある
と繁次郎像に記されています
江差の繁次郎

江戸時代の江差に実在していたと伝えられる、とんちと笑いをふりまいた庶民のヒーローがこの人物。

「笑え、わらえ へば ええごとある」。江差町泊町で一杯飲み屋を営む父の後を継いだが商売にはむかず、ニシン場の下船頭になったとも、熊石浜中の寺男になったとも。

その像が現在、江差町字田沢浜の国道227号沿いにたてられ、日本海をバックにひょうきんな表情で道行く人の笑顔を誘っている。

コース6

北海道独自の歴史がある駅逓所《えきていしょ》と郷土資料館

旧島松駅逓所の建物面積は約333㎡

中座敷は客間であり、宿泊もできた

1873（明治6）年に設置

旧島松駅逓所《えきていしょ》

国指定史跡・旧島松駅逓所には中央バスの千歳ターミナル行きに乗り、「島松沢」停で降り国道36号線を横断し、右手に下っている旧国道の坂を5分程降りると行くことができる。島松駅逓所は札幌本道（函館～札幌・道内初の車馬道）の開通と同じ、1873（明治6）年に千歳郡島松村（現在地）に設置されたもので、数々の人物とともに北海道の歴史を刻んでいる。

現在の建物は1881（明治14）年〈推定〉の平面図をもとに一部を復元したものである。上座敷は行在所《あんざいしょ》、中座敷は客間で、下手は台所、居室となっている。

〈クラーク博士〉

札幌農学校の初代教頭、ウィリアム・スミス・クラークが1877（明治10）年4月に帰国する際、この駅逓

北広島市・恵庭市 コース6

- 中央バス「島松沢」停
- ▼ 0.7km・8分
- ❶ 旧島松駅逓所
- ▼ 1.0km・10分
- 広恵橋
- ▼〈徒歩〉2.0km・22分
- 防風林入口
- ▼〈徒歩〉0.8km・9分
- ❷ JR島松駅
- ▼ 0.1km・1分
- スポット 夢創館
- ▼ 2.5km・28分
- ❸ 恵庭市郷土資料館
- ▼ 2.6km・29分
- JR島松駅

総ウォーキング距離 約9.7km
所要時間 約3時間

歴史探訪メモ

駅逓所とは？

開拓時代の北海道において、人足や馬を備えて貸し出したり、宿泊所としての役割も担っていた。また郵便の仕事も取り扱っていたそうである。北海道にやってくる方や旅をする人が利用していた、北海道独特の制度である。

江戸時代には、駅逓所の前身のような「通行屋《つうこうや》」という制度もあった。明治維新以降、駅逓所は半官半民の請負制で運営され、全盛期には道内200ヵ所を越える駅逓所があったが、1947（昭和22）年にはすべて廃止された。

入口にある看板

❶ 旧島松駅逓所

●北広島市島松1番地●開館／10:00〜17:00（4/28〜11/3）●休館／月曜（祝日を除く）、祝日の翌日●入館料／大人200円、小中学生100円●TEL／011-377-5412

所に立ち寄り、送りに来た学生たちなどに「Boys be ambitious」の言葉を残して去ったといわれている。碑には「少年よ、大志を抱け」の文字が刻まれている。

駅逓所に隣接して建つ、クラーク博士の碑

〈明治天皇〉

1881（明治14）年の明治天皇の北海道巡幸に際し、島松駅逓所は御昼をいただいた行在所となり、上座敷には明治天皇ご夫妻の写真が飾られている。

上座敷の床の間に飾られた、明治天皇の貴重な写真

〈中山久蔵〉

旧島松駅逓所の歴史は、寒地稲作の父、中山久蔵氏を抜きには語れない。大阪生まれの氏は、1871（明治4）年に仙台を経由して入植。1884（明治17）年に駅逓所の請負人となり、1897（明治30）年に駅逓所が廃止されるまでここを支えた。

氏は、島松川から引いた水を温めてから水田に流すなどの工夫を重ね、寒地に適した米づくりの方法を研究。道南をのぞいては困難とされていた稲作を石狩平野にもたらした。その苦労を伝承する小さな水田では毎年、稲が頭を垂れる。

中山久蔵氏（1828～1919年）

駅逓所の隣地にある、中山久蔵氏の水田

歴史探訪スポット

「夢創館」

ここは島松商業組合が1937（昭和12）年に倉庫として建造したもので、「軟石」（札幌軟石とも呼ばれる凝灰岩）を使った趣のある石造りである。1952（昭和27）年から1992年までは恵庭の農協が米の貯蔵倉庫として使用していた。夢創館は、市民の文化活動の場。外観は石造りのまま、天井も石倉倉庫時代のままで、音楽・演劇・舞踏などの練習や公演、絵画・書道などの展示などに利用されている。

あたたかみのある軟石の外観

夢創館

●恵庭市島松仲町1-2-20
●詳細はTEL／0123-36-6050へ

JR島松駅、駅舎

島松川は東西蝦夷地の国境

JR島松駅までの道のり

旧島松駅逓所からほんの少し札幌寄りに進み、右へ入り、36号線と道央道を越えると、車も通れない土の自然道が続く。江戸時代は島松川を境に西が松前藩で東が幕府直轄地であった。この島松川にかかる広恵橋を渡り、のんびりとした風景を楽しみながら2㎞ほど進むと、防風林の入口に着く。道の両脇を木々に囲まれた鬱蒼とした防風林を抜けると、JR島松駅の裏手に出る。この駅は1926(大正15)年の開業で、住民が土地と費用を寄付した上で嘆願を行って設置された、いわば市民の駅である。

縄文人の心に触れられる

恵庭市郷土資料館

開拓記念公園の中にある、恵庭市郷土資料館。ここには国指定史跡のカリンバ遺跡(資料館から直線で2㎞)で発掘された、国内でも珍しい合葬墓のレプリカがある。カリンバ遺跡は縄文時代から近世アイヌ文化期の遺跡で、生活道具、貯蔵穴、竪穴住居跡、墓石が多く見つかっており、その出土品の一部が展示されている。

また館内は古代の暮らしの姿から昭和時代の品々までが並び、北海道を主眼に置いた時代ごとの様子がわかりやすく展示されている。

ここからJR島松駅にもどる一直線の道は、両脇に広がる田園風景を楽しみながら心地よく歩ける。

❸ 恵庭市郷土資料館
●恵庭市南島松157番2●開館/9:30～17:00●休館/月曜(祝日の場合は開館)、祝日の翌日、毎月最終金曜、年末年始●入館料/無料●TEL/0123-37-1288

カリンバ遺跡のジオラマ

時代ごとの土器を年表とともに展示

コース7

北の「知」の歴史を継承する北大構内

北大のシンボルとして輝く、ウィリアム・S・クラーク像

開拓使の貴賓接待所

清《せい》華《か》亭《てい》

札幌駅から西へ歩いて7～8分、北7条通りと北8条通りに挟まれて建つ「清華亭」。この建物は札幌初の都市型公園であった「偕楽園」の中に、1880（明治13）年に建ち、開拓使の貴賓接待所として使われていた。

大きな特徴は、洋風の造りのなかに和風の様式を調和させていること。洋間と十五畳の和室に分かれた間取りは、当時では新しい造りだった。

❶ 清華亭

●札幌市北区北7条西7丁目●開館／9:00～16:00●休館／年末年始●入館料／無料●TEL／011-746-1088

出窓になっているところが洋室、右側が和室

Boys, be ambitious!

クラーク像

札幌農学校（現北海道大学）は、1876（明治9）年に北海道開拓の人材を育成するために開設された。

その初代教頭（実質的には校長）として、クラーク博士が赴任する。

　クラーク博士は札幌農学校の基礎づくりに多大な功績を残すだけではなく、キリスト教の布教や西洋の精神性や食べ物（カレーライス）など、いろいろなものを伝えたとされている。

　クラーク博士といえば「少年よ、大志を抱け」〝Boys, be ambitious!〟の言葉が有名。この言葉については、これを言った場所や内容などいろいろな説がある。なお、記録の上でこの言葉が表われたのは、1894（明治27）年の札幌農学校の学芸会機関誌「恵

●北大構内の各スポットについての問い合せ
●TEL／011-706-2610（北大総務部広報課）

札幌市北区 コース7

JRまたは地下鉄南北線 札幌駅
▼ 0.7km・8分
① 清華亭
▼ 0.4km・4分
② 北大構内 クラーク像
▼ 隣接
③ 古河講堂＆サクシュコトニ川
▼ 0.3km・3分
④ 北大総合博物館
▼ 0.4km・4分
⑤ ポプラ並木
▼ 0.6km（戻る）・7分
⑥ 大野池
▼ 0.4km・4分
⑦ イチョウ並木・北13条門
▼ 1.2km・13分
⑧ 札幌農学校第二農場
▼ 0.5km・6分
地下鉄南北線 北18条駅

総ウォーキング距離　約4.5km
所要時間　約4時間
＊車での入構はできません

歴史探訪メモ

クラーク
　ウィリアム・スミス・クラーク（1826〜1886年）は、いわゆるお雇い外人として1876（明治9）年7月に札幌農学校の初代教頭として着任する。アメリカ・マサチューセッツ農科大学学長だった氏の滞在期間はわずか9ヶ月だった。

林」である。

なお、このクラーク像が初めて建立されたのは北大創基50周年の1926（昭和元）年だが、太平洋戦争中に金属献納で没収される。現在のクラーク像は、戦後まもなくの1948（昭和23）年に再建されたものである。

クラーク像に刻まれた“Boys,be ambitious”の文字

ウィリアム・S・クラーク像の全体

建設は1909（明治42）年
古河講堂＆サクシュコトニ川

クラーク像の向かいにある古河講堂は、古河財閥が政府に寄付した百万円の一部で1909（明治42）年に建設された。当時は旧東北帝国大学農科大学林学教室。これは札幌農学校が、1907（明治40）年設立の東北帝国大学とともに一分科大学として東北帝国大学農科大学へと改組したことによる。

建物はフレンチ・ルネッサンス様式と紹介されることが多いが、「アメリカン・ヴィクトリアン」と呼ぶ方が正確である。なお古河講堂は文学研究科の研究室として使われているが、中に入ることはできない。古河講堂の前には道路を挟んで、大きく窪んだ緑地がある。ここに川が流れていて憩いの場になっている。この川がサクシュコトニ川で2003年に再生された。

この川の語源を辿ると、〝サクシュ〟は「浜の方を通る」。この浜は豊平川岸のこと。〝コトニ〟は「くぼ地」。意訳すると「くぼ地を流れる川のうち、豊平川に最も近い川」となる。

外壁は下見板張り（外壁に横板を下部から数cmずつ重なり合うように張ったもののこと）、主棟は美しい切妻の屋根

現在は人工流水だが、昭和初期まではサケが遡上する川（サクシュコトニ川）だった

人工流水の水源となっている所

北大の歴史から学術テーマまで

北海道大学 総合博物館

現在、北大には12の学部と18大学院、3附置研究所などがある。この北大の歴史や学術テーマ・学術資料などが一般向けにわかりやすく展示されているところが、この総合博物館である。

展示は1階、2階、3階に分かれている。1階には北大の歴史展示、学術テーマは1階と2階にあり、生命、人間社会、考古学、宇宙、科学など多岐に渡っている。3階には骨格標本など学術資料が展示されている。

❹ 総合博物館

●開館／10：00～17：00（6～10月の金曜のみ10：00～21：00）●休館／月曜（祝日の場合は翌日）、年末年始●入館料／無料●TEL／011-706-2658

2009年10月に2階に設置された地球儀は、海の深さや山の高さを正確に表したもの（グローバルCOE「境界研究の拠点形成」展示）

1階の北大歴史展示コーナー

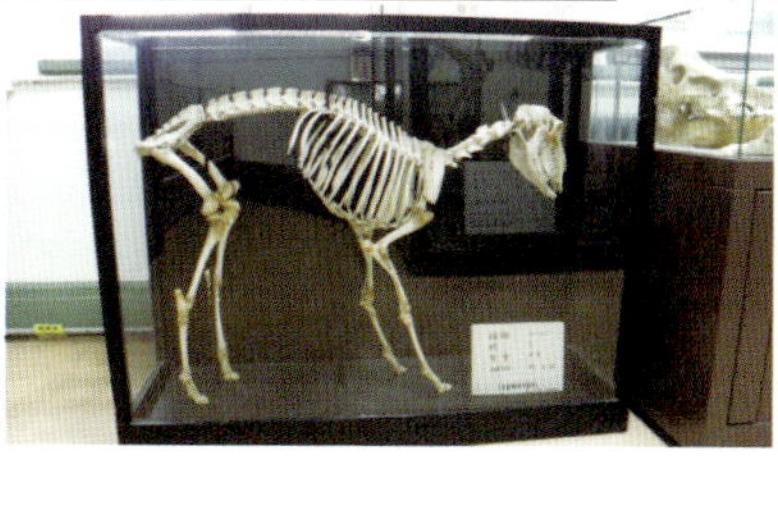

3階にある「ひつじ」の骨格標本

北大総合博物館の入口

明治45年に植えられた

ポプラ並木

立派なポプラが続く、並木道

　総合博物館を出て１００ｍ足らずで左に曲がり、４００ｍほど歩くとポプラ並木が現われる。学術研究施設のため２００ｍを超える並木道のすべてを歩くことはできない。また２００４年の台風18号で半数近くのポプラが倒壊。その後、全国からの支援で倒木の立て直しが行われ、並木道の一部である約80ｍの散策が可能になった。

　ポプラが北アメリカから北海道に入ったのは明治の中頃で主に牧場の境界線として使われていた。

　この北大のポプラ並木は１９１２（明治45）年に林学科学生の実習として、農場内に植えられたものである。今も北海道を代表する牧歌的風景として人気を呼んでいる。

イチョウの植樹は昭和14年

大野池＆イチョウ並木

　ポプラ並木を見たら、来た道を戻りメイン道路（キャンパス中央通り）を北へ１００ｍほど歩くと左側が大野池。故・大野和男工学部教授の立案により、１９６３（昭和38）年から10年をかけて湿地帯を池に整備したものである。その後エコキャンパス推進事業の一環として１９９８年にさらに整備を行う。

　さらに50ｍほど歩くと右側にイチョウ並木が見

池に沿って木道も整備されている

ウォーキングスポット

「平成ポプラ並木」

　札幌農学校第二農場から約1.1ｋｍ歩くと、北海道大学創基125周年記念事業の一つとして2000年に植樹された、平成ポプラ並木がある。並木の出口は石山通りになる。この並木に出るまでの途中の道は原生林の面影を残しており、「都ぞ弥生歌碑」などもあり、ウォーキングに最適である。なお、地下鉄の北18条駅に行くには、同じ道を戻ることになる。

えてくる。約380mの道路の両側に70本のイチョウが植えられていて、終着は北13条門になる。イチョウが植樹されたのは、戦前の1939(昭和14)年のこと。

黄葉の季節には美しさが増す、イチョウ並木

札幌農学校第二農場

1969年、国の重要文化財に指定

クラーク博士の大農経営構想によって、日本で初めて乳製品を生産する一戸の酪農家をイメージした北海道開拓の模範農場として、1876(明治9)年9月に発足した、わが国最古の洋式農場。ここで飼育されてきたホルスタイン種は、100余年も血統が維持され、メス・オスそれぞれ1050産を越え、それらは農家に渡されて北海道酪農の発展に大きく寄与した。第二農場の施設は、正門から北13条門一帯にあったが、大学の発展に合わせて明け渡し、1913(大正2)年までに現在地に移設された。2000年から一般公開されている。

右の建物が「牧牛舎」、左の建物が「模範家畜房」

代表的な建物であるモデルバーンはmodel barn、模範家畜房という意味で、建造分野でも稀少価値のある、ツーバイフォー方式バルーンフレーム構造となっている。ここからゴールの南北線北18条駅までは徒歩で5分程である。

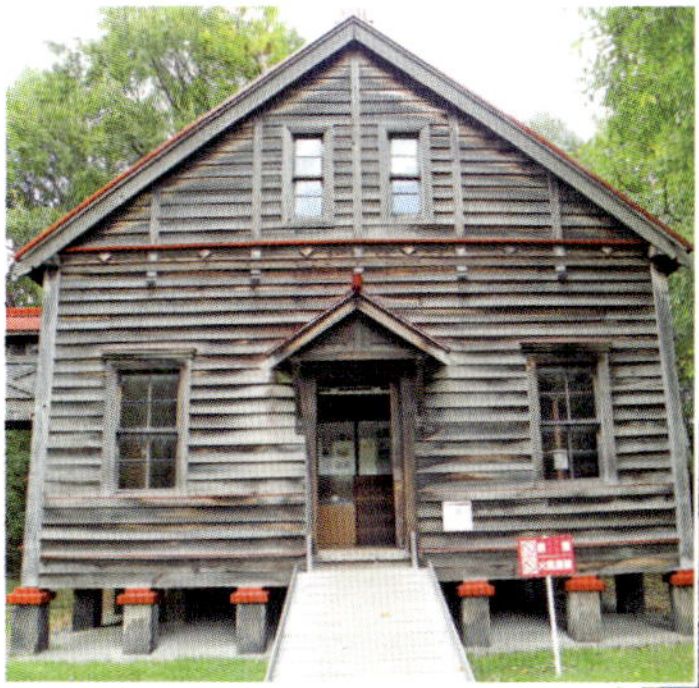
穀物庫の外観、左に見える空中の渡り廊下で収穫室とつながっている

模範家畜房の内部の一部

ミニ開拓人物史

荒井金助《あらいきんすけ》

1808(文化5)年〜1867(慶応2)年。江戸幕府末期の役人。石狩調役の荒井金助は、1860(万延元)年に自費で農民十余戸を募って篠路に入植させ「荒井村」を開村した。

凶作に備えて食料を蓄える倉庫を建築したり教育にも力を尽くし、その後1863(文久3)年に石狩から函館に異動を命ぜられ、同66年11月五稜郭の堀に落ちて亡くなった。

58年の生涯だったが、現在の篠路には荒井金助ゆかりの碑がいくつも見られる。

❽ 札幌農学校第二農場

●公開／敷地内は通年、建物内部は4/29〜11/3 ※毎月第4月曜日は建物整備のため見学不可

コース8

屯田兵の中隊本部と暮らしを見る

約120年前と同じ姿の新琴似屯田兵中隊本部。天上の上の三角屋根の部分は部屋になっている

札幌市北区 コース8

- 地下鉄南北線 麻生駅
- ▼ 0.7km・8分
- ❶ 新琴似屯田兵中隊本部（新琴似神社境内）
- ▼ 1.0km・11分
- ❷ 屯田防風林入口
- ▼ 2.1km・23分
- ❸ 屯田郷土資料館
- ▼ 2.8km・31分
- スポット 百合が原公園
- ▼ 〈公園内2.0km〉0.3km・3分
- JR百合が原駅

総ウォーキング距離 約8.9km
所要時間 約4時間

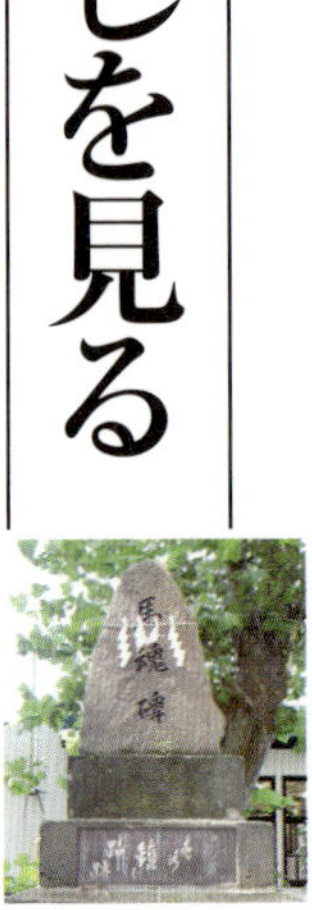

現存する、貴重な建物

新琴似《しんことに》屯田兵《とんでんへい》中隊本部《ちゅうたいほんぶ》

屯田兵とは明治時代に北海道の警備と開拓にあたった兵士とその部隊のことである。屯田兵が１８７５（明治8）年に最初に足を踏み入れた地は琴似。この後、発寒、江別、篠津などに次々と入地を果たし、新琴似に屯田兵１４６名とその家族が入ってきたのは、１８８７（明治20）年のこと。翌年には屯田兵の総数が２２０名となり、第一大隊第三中隊が編成された。

この建物は新琴似屯田兵村（第一大隊第三中隊）の本部として、1886（明治19）年に建てられた。1972（昭和47）年に創建時の姿に復元され、2年後に札幌市の有形文化財に指定されている。

この文化財の価値は、120余年前と全く同じ場所に、往時とあまり変わらない環境の中に建っていることである。また唯一、札幌で屯田兵の本部の建物が残っている場所でもある。ここにだけ屯田兵中隊本部が残った理由は、新琴似神社（本部建設後に守り神として建立《こんりゅう》）の境内の一部として見られていたからだと言われている。

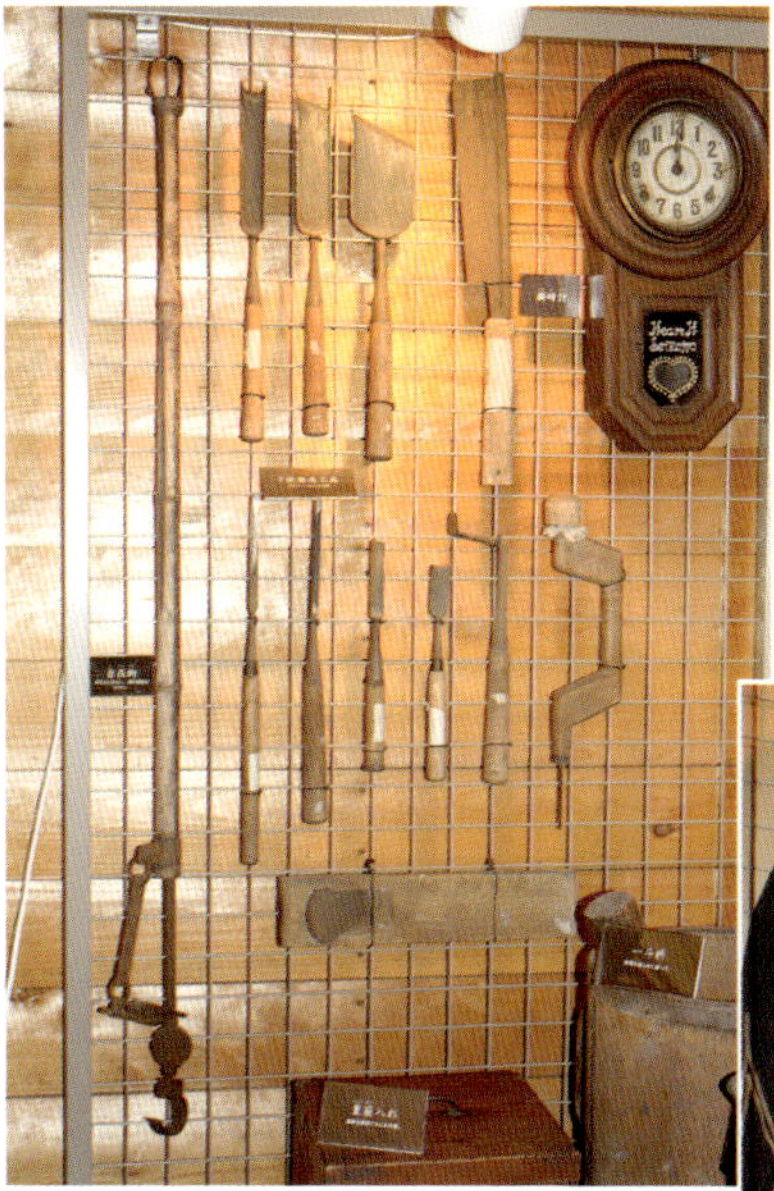
開拓に使われた農具類など

少尉以上が着た「屯田兵大礼服」

本部の中は、中隊長の部屋を再現しているほか、新琴似屯田兵村の誕生から屯田兵制度廃止（1904・明治37年）までを紹介したコーナー。また屯田兵の暮らしぶりを偲ばせる道具類が展示されている。

なお、当時入植した屯田兵たちの出身地は、福岡、熊本、佐賀、大分という九州勢が85%を占めていた。

屯田兵村を再現した大型のジオラマの一部

館内の注目すべき展示物のひとつは、当時の屯田兵村を再現した大型のジオラマである。当時、中隊本部の前に集まった兵は200名を越えたが、今もそれを想像させうる広さの敷地が、現在の建物の前にあることは感動的である。なお境内には開村や開拓に関係する7つの石碑などが建っている。

屯田兵中隊本部の守り神となった、新琴似神社

❶ 新琴似屯田兵中隊本部

●札幌市北区新琴似8条3丁目●開館／4〜11月の火・木・土の10:00〜16:00●入館料／無料

●TEL／011-761-4205（新琴似まちづくりセンター）

屯田防風林

屯田兵が作った、風よけ

新琴似屯田兵中隊本部から住宅街を2時間程歩くとこんもりとした林が目に飛び込んでくる。それが屯田防風林。全長は約3km、屯田地区と新琴似地区の境界にもなっている。元々は、屯田兵が強風から農作物を守ろうと、コの字型に自然

一直線に伸びる林には、散策する人や犬の散歩をする人などがたくさんいる

ウォーキングスポット

「百合が原公園」

広大な花の公園として市民に親しまれて、30年以上。1986（昭和61）年に開かれた「さっぽろ花と緑の博覧会」の会場として注目を集めた。公園の面積は約25.4ha（札幌ドーム約4.6個分）、園内には温室の「百合が原緑のセンター」（高校生以上入館130円）もある。

のどかな芝生広場とサイロ

百合が原公園

●札幌市北区百合が原公園210番地●閉園期間や閉園時間はなし●入園料／無料●TEL／011-772-3511（百合が原緑のセンター、月曜休館）

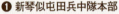

並木の向こうは、すぐ住宅街

林を残して作った防風林の一部と言われている。大正時代に入ると、ポプラやヤチダモの木が植えられ風害から農作物を守り、水田のための用水路も作られている。

防風林の道の両側に立つと、木々の間から住宅を見ることができるが、中央に入ると豊かに繁った木々と土の小道が大自然の中にいるような錯覚に誘ってくれる。

屯田兵の暮らしが見える

屯田郷土資料館

屯田郷土資料館は、地区の人たちが気軽に利用できるふれあい広場・屯田地区センターの中にある。

資料館は1階と2階に分かれており、入口には屯田に入植した人たちの出身地や船のルートに加えて、220名の屯田兵の名前が一覧になっている。

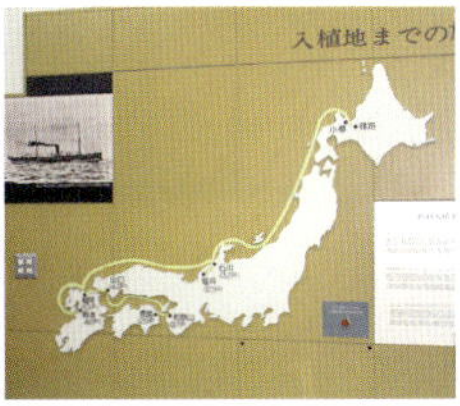

本州から訪問し、祖父の名前を見つけた入植者の孫もいる。入口にある「入植地までの旅」のパネル

兵屋のなかの人形と暮らしぶり

館内には屯田兵の暮らしを紹介するための兵屋《へいや》を設置。中に入ると、住時の家族を再現した人形があり、開拓当時の辛さや苦労が自然と伝わってくる。また屯田兵の生活用具や資料のほかに、火事があったときに使う消防ポンプを積んだ大八車などもある。

現存する往時の生活用具類

ここから3㎞程歩いて百合が原公園をめざす。公園内はウォーキングには最適な緑の別世界である。

❸ 屯田郷土資料館

●札幌市北区屯田5条6丁目3-21●開館／13:00～16:00●休館／月曜、年末年始●入館料／無料●TEL／011-772-1811（屯田地区センター）

ミニ 開拓 人物史

永山《ながやま》武四郎《たけしろう》

「屯田兵の父」とうたわれた第2代北海道長官・永山武四郎は、国内に軍隊が設けられているときに北海道にそれがないことから、屯田兵制度を置くことを新政府に提案。樺太で日露による摩擦が起こっていることもあり、北海道屯田兵制度が発足した。

1875（明治8）年、琴似に初の屯田兵が入村。明治10年に西南戦争が勃発し、武四郎は大隊長として屯田兵を率いて出陣。薩摩藩の下級藩士の四男に生まれた武四郎だったが、先輩格だった西郷の軍勢を破った。

1895（明治28）年、日清戦争では臨時第7師団司令官として屯田兵を率いて出征。終戦になってからは陸軍中将に昇進している。道指定有形文化財「旧永山武四郎邸」が明治10年代の建築としては珍しい和洋折衷様式の建築物として公開され、札幌市民や観光客が足を運んでいる。

コース9

札幌の礎を築いた大友亀太郎の足跡を辿る

札幌村郷土記念館の入り口に建つ大友亀太郎像。隣には彼が作付した玉葱記念碑がある

札幌市東区 コース9

JR苗穂駅
▼ 1.3km・14分
❶ 雪印メグミルク酪農と乳の歴史館
▼ 1.6km・18分
❷ 札幌村郷土記念館
▼ 0.2km・2分
❸ 大友公園
▼ 0.3km・3分
❹ 本龍寺・妙見堂
▼ 0.4km・4分
地下鉄東豊線 環状通東駅

総ウォーキング距離 約3.8km
所要時間 約2時間

北海道の乳製品の歩みを展示

雪印メグミルク酪農と乳の歴史館

JR苗穂駅を中心とする苗穂エリアは、開拓使の時代から「産業のまち」として栄えてきたまち。2004年には、JR苗穂駅周辺の工場、記念館群が北海道遺産に指定されている。

JR苗穂駅の改札を出て、左手の交番から線路沿いに3〜4分歩くとアンダーパス(地下道)が視界に入り、長いスロープを下って地上に出て約10数分でメグミルク札幌工場の敷地に到着。この敷地内に雪印メグミルク酪農と乳の歴史館が併設されている。

雪印乳業は北海道の酪農とともに歩んでおり、創業当時に使用されていた機器類や昔の宣伝パンフレット、乳牛の飼育を自動化したモデル牧場など、乳製品の歴史を語る約850点もの資料を展示。

歴史館と一緒に附属施設の雪印メグミルク札幌工場も見学可能だ。見学は要事前予約で、当日はPR係の人が案内してくれ、見学所要時間はトータルで約40分。

子どもも見学できるようにビデオ上映室も用意されているので、夏休みや冬休みに利用するのにおすすめしたい。

展示室では、雪印乳業の創業当時から現在まで、製品の各生産工程がわかりやすい模型で表現されているほか、当時使用していた機械類も展示している。写真の機械は、濃縮機と冷却機

❶ 雪印メグミルク酪農と乳の歴史館

札幌市東区苗穂町6丁目●見学時間／9：00～11：00、13：00～15：30の間で30分刻みにスタート●休館／土・日曜、祝日、年末年始●料金／無料 ※前日までに予約が必要●TEL／011-704-2329

1977（昭和52）年9月に開館。日本の酪農や乳製品について学べる

札幌のルーツを知る

札幌村郷土記念館

普通の住宅街にある記念館。2階建ての住居を改造

雪印メグミルク酪農と乳の歴史館を出発して北の方面に約18分歩くと、住宅街の一角に札幌村郷土記念館がある。東区は、江戸時代末期に幕命でエゾ地に入植した大友亀太郎が拠点とした地であり、この記念館は大友亀太郎の役宅跡地に建てられたもの。現在札幌市の中心部を流れる創成川のルーツである大友堀は、亀太郎が石狩平野を開拓する際に農業用水や飲料水を確保するために工事したもの。大友堀を中心として農家を入植させ、札幌元村と名付けた。その後、札幌新村、庚午一の村、庚午二の村なども増え、これらの村々を合わせて札幌村と呼ばれるようになる。

札幌村郷土記念館は、亀太郎についてや当時の開拓の様子がわかる資料を中心に、昔の生活用具、農具などを展示。札幌村を知ることで札幌市のルーツを知ることができる。

❷ 札幌村郷土記念館
●札幌市東区北13条東16丁目●開館／10:00～16:00
●休館／月曜、祝日の翌日、12/29～1/5
●入館料／無料●TEL／011-782-2294

開拓当時の生活用品や小道具などがたくさん陳列されている

昔の洗濯機なども展示

歴史探訪スポット

「苗穂《なえぼ》小学校」

現在の苗穂小学校の敷地内に建っており、札幌市内唯一現存する木造校舎。1937（昭和12）年に創立した校舎で、当時の学校の様子をうかがい知ることができる。見学はできないが、レトロな外観をシャッターにおさめる人が後を絶たない。

苗穂小学校
●札幌市東区北9条東13丁目
●TEL／011-721-5105

大友亀太郎ゆかりの地

大友公園

札幌村郷土記念館から歩いて約2分の距離にある公園。この公園は、大友亀太郎が1867（慶応3）年に開いた模範農場「御手作場」跡地に作られた。

公園内には、大友堀についてや東区の歴史が書かれたパネルを展示。札幌村郷土記念館見学後にちょっと立ち寄りたいスポット。

❸ 大友公園
●札幌市東区北13条東16丁目

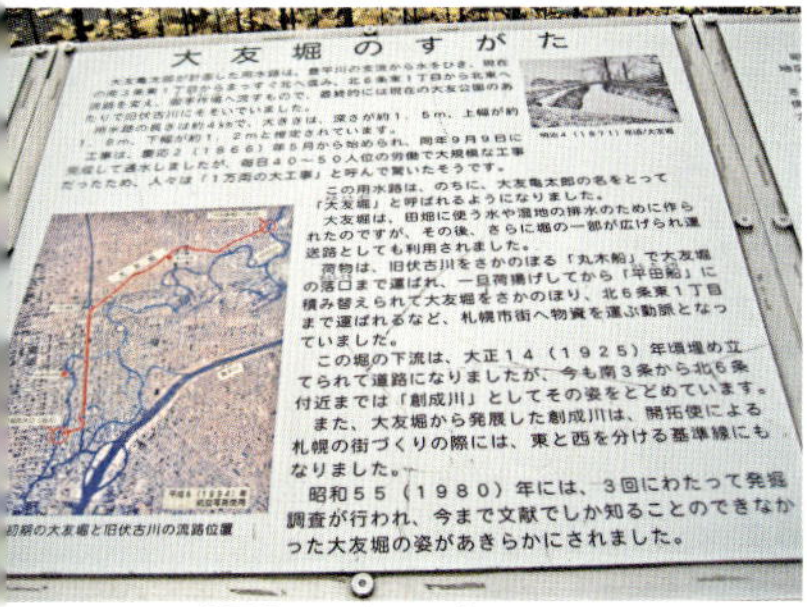

公園入口にあるパネル

散策しながら開拓当時に思いを馳せてみては

開拓の祖が祀られる札幌最古の霊場

本龍寺・妙見堂

大友公園から環状通りに向けて3分ほど歩くと、風格のある山門が目に入る。本龍寺は「さっぽろふるさと文化百選」に選定されている歴史的にも古い寺だ。

寺の境内には大友亀太郎が開拓民とともに、1868（慶応4）年に創建した妙見堂が建つほか、大友亀太郎、初代開拓使の島義勇が祀られている。亀太郎直筆の掛軸などの遺品が残されているのも興味深い。

本龍寺の山門

境内の中に妙見堂がある

❹ 本龍寺・妙見堂
●札幌市東区北14条東15丁目4-30●TEL／011-781-8864

ミニ開拓人物史

島義勇《しまよしたけ》

開拓判官となった島義勇は1869（明治2）年に函館に入り「開拓三神」の御霊代を背負って小樽・銭函に到着。10月12日（太陽暦では11月中旬）で季節は冬を迎えていた。義勇が旅の過程や本府建設の状況を漢詩に詠み、記録していたものが伝えられている。

現在の札幌円山に本府をつくろうと決意し、やがて世界一の都になるという期待と意気込みを表した漢詩も残されている。開拓三神を奉じて札幌に入り、神霊の鎮まる宮地を選び、その地を起点に札幌開府の大計を案じた島義勇の大計に基づき整備されたのが、現在の札幌の街区なのだ。

突然の上京を命ぜられた義勇は、わずか三カ月の北海道滞在になり、佐賀に戻ってから「佐賀の乱」を起こし新政府軍に逮捕され、法に基づかない異例の判決により53歳で処刑された。札幌を去って四年後のことだった。

コース10

北海道開拓百年の歩みを自然とともに感じる

1873（明治6）年に建てられた開拓使札幌本庁舎の外観を再現。内部には休憩、情報コーナーなどがある

開拓時代の北海道にタイムスリップ

北海道開拓の村

JR森林公園駅前からJRバスの「開拓の村」行きに乗車して、終点まで約7分。「北海道開拓の村」は、開拓百年を記念して道立野幌森林公園内の一角につくられた野外博物館。明治・大正期の北海道の建築物を復元・再現しており、開拓時代の生活や文化を肌で知ることができる。

54・2haの敷地に広がる村内は、市街地群、漁村群、農村群、山村群の4つのエリアに分かれており、昔懐

1909（明治42）年に建築された旧北海中学校

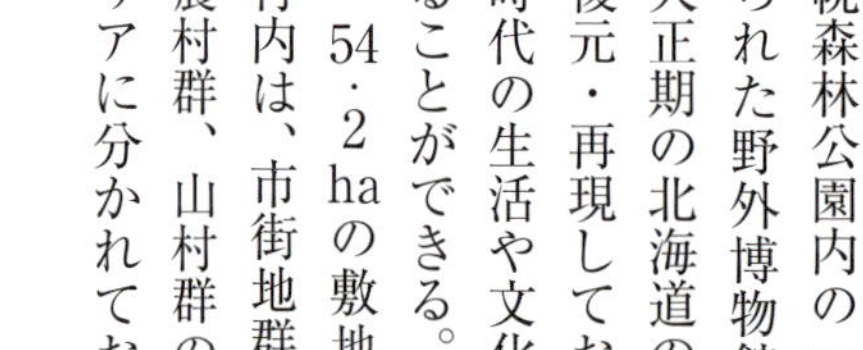

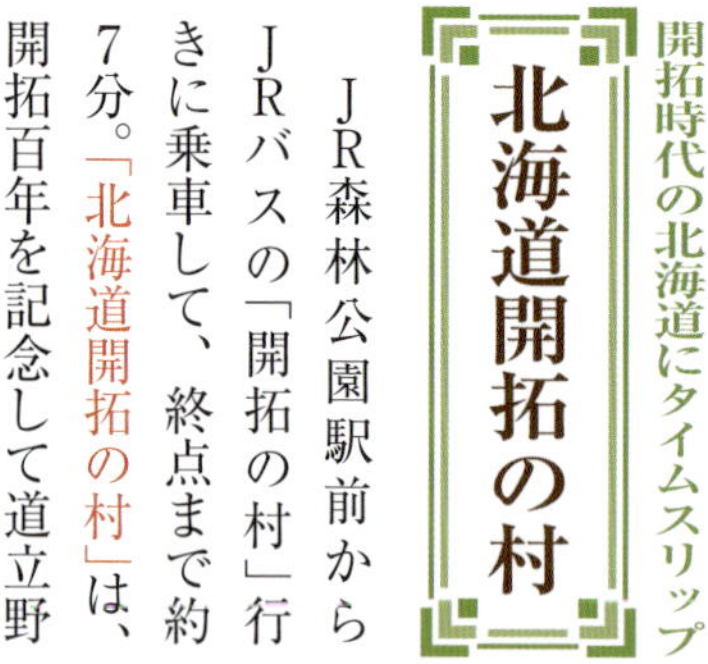

1885（明治18）年に最初に建てられた交番「旧札幌警察署南一条巡査派出所」

かしい馬車鉄道が走るなど、まさに開拓時代の北海道にタイムスリップしたかのようだ。また、歴史講座や季節ごとの年中行事、年間を通して行われる音の伝統遊具づくりなどのイベントも開催されており、大人から子どもまで楽しめる。すべて見て回るだけでもかなり時間を要するので、時間に余裕を持って見学したい。

地域の中心的役割を果たした商家「旧武岡商店」の外観と店内

❶ 北海道開拓の村

●札幌市厚別区厚別町小野幌50-1 ●見学時間／10～4月 9：00～16：30（入村～16：00）、5～9月 9：00～17：00（入村～16：30）●休館／月曜（祝日、振替休日の場合は翌日休村）、年末年始（5～9月は無休）●料金／一般800円、大学生・高校生600円 ※団体料金あり●TEL／011-898-2692

札幌市厚別区 コース10

- JR森林公園駅
- JRバス「森林公園」停
- ▼〈バス〉1.8km・7分
- JRバス「開拓の村」停
- ❶ 北海道開拓の村
- ▼ 0.8km・11分
- ❷ 北海道博物館
- ▼ 1.1km・16分
- ❸ 北海道百年記念塔
- ▼ 0.6km・9分
- ❹ 北海道立埋蔵文化財センター
- ▼ 0.3km・4分
- JRバス「くりの木公園前」停
- ▼〈バス〉1.9km・10分
- JRバス「開拓の村入り口」停
- ▼ 0.4km・6分
- JR森林公園駅

総ウォーキング距離 約3.2km
所要時間 約4時間

北海道の歴史や自然の総合博物館

北海道博物館

開拓の村を出て森林の中を約10分歩くと、れんが造りの北海道博物館に到着。２０１５年に新たに生まれ変わった地上２階、地下１階のつくりで、北海道の自然や歴史に関する資料を常設展示、収蔵陳列のほか、北海道の歴史や文化に関連した講演会や特別展、講座なども開催している。希望にあわせて専門の解説員が常設展示場全体を解説しながら案内してくれる。無料で行っているので、こちらもぜひ利用したい。

縄文時代のジオラマ、アイヌ民族の道具、開拓期の農機具など、北海道の様々な歴史資料を展示

❷ 北海道博物館

●札幌市厚別区厚別町小野幌53-2●開館／5〜9月 9：30〜17：00、10〜4月 9：30〜16：30（入館〜閉館30分前まで）●休館／月曜（祝日・振替休日の場合は直後の平日）、年末年始●入館料／一般600円、高校・大学生300円 ※団体料金あり●TEL／011-898-0466

開拓１００年の歩みを象徴する塔

北海道百年記念塔

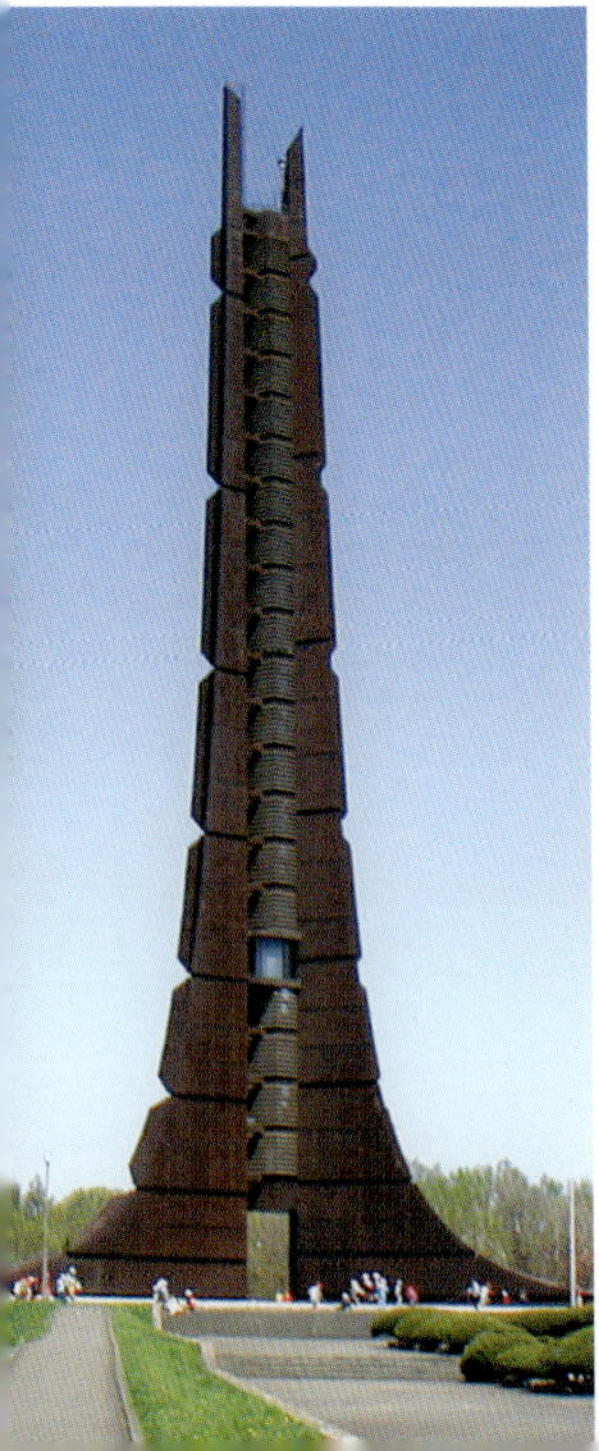

1970（昭和45）年に完成した札幌のランドマークの一つ

開拓の村、北海道博物館は共に野幌の原始林の中にある施設だが、緑豊かな森に気高くそびえ立っているのが北海道百年記念塔。他の施設同様、北海道開拓百年を記念して着工した、全

ウォーキングスポット

「自然ふれあい交流館」

野幌森林公園は、世界でも数少ない大都市近郊の平地林。自然ふれあい交流館は、野幌森林公園の自然について理解してもらうために、パネル展示や資料を公開するほか、休憩・研修・展示スペースなどを設置。館内には野鳥などを観察できるコーナーもある。

施設のすぐ裏に、森に続く散策路がある

自然ふれあい交流館

●江別市西野幌685-1●開館／9：00〜17：00（10〜4月は9：30〜16：30）●定休日／月曜（祝日は開館）・12／29〜1／3●入館料／無料●011-386-5832

長100mの塔だ。

未知の原野を開拓した不屈の先人たちの偉業を讃え、塔基部に雪の結晶を模した六角形の広場、塔の水平断面は「北」の文字、壁面の凸凹は風雪と格闘した開拓民の歴史の積み重ね、垂直方向は未来への意欲を表現している。

❸ 北海道百年記念塔
●札幌市厚別区厚別町小野幌53-2
●TEL／011-898-0455

開拓時代以前の時代を探る

北海道立埋蔵文化財センター（江別市）

北海道百年記念塔周辺は原始林となっており、自然の中でのウォーキングを楽しめるエリア。北海道の開拓の歴史を知った後は、原始林の中を散策することで開拓時代をリアルに感じられるかもしれない。

百年記念塔から原始林の散策路を約20分歩いた場所に埋蔵文化財センターがある。ここは、北海道の開拓時代以前の時代のルーツを探るヒントが数多く隠されている。北海道から発掘された埋蔵文化財を一部展示するほか、考古学や北海道の歴史に関わる資料を閲覧できる。

講演会や体験もできる考古学教室も開催

道内各地で出土した遺物を数多く展示するほか、体験コーナーもある

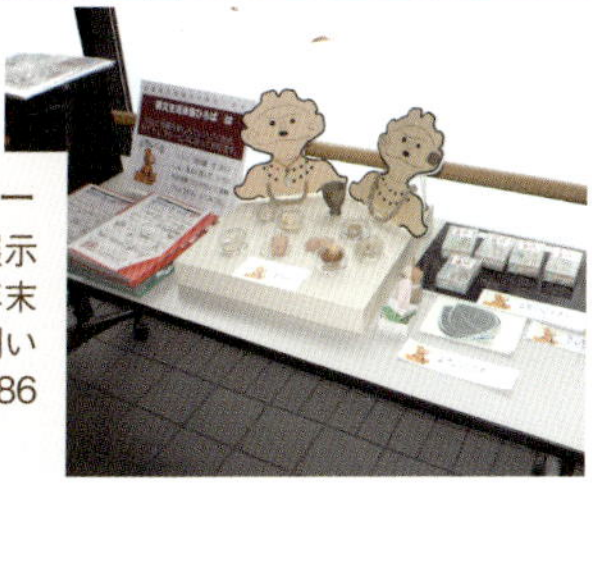

❹ 北海道立埋蔵文化財センター
●江別市西野幌685-1●開館／（展示室）9：30～16：30●休館／月曜、年末年始、祝日 ※確定ではないため要問い合せ●入館料／無料●TEL／011-386-3231

ミニ 開拓 人物史

河西由造《かわにしよしぞう》

厚別は1883（明治16）年、後に「厚別開拓の父」と呼ばれる河西由造をはじめ８家族による信濃（長野県）諏訪地方からの入植からスタートした。

由造は現在のJR厚別駅付近に入植し、うっそうとした密林を開拓。水田の試作にも成功し、「信州開墾地」と呼ばれる村落をつくった。村のために尽力し、村総代などの公職に就いたり人望も厚く、67歳で病死したときも全村民が会葬したといわれている。

現在も河西由造に関する石碑が厚別中央の信濃神社境内にある。一つはその功績をたたえ建立されたもの。もう一つは厚別開基百年事業協賛会が由造の入植100年を記念して建立したものだ。

コース11

時代は巡る、クラーク像・大農場・郷土資料館

札幌ドームの方を指差す、クラーク像。豊かな自然や札幌の街並みも眺望できる。

クラークの全身像がある

羊ヶ丘展望台

地下鉄東豊線福住駅から中央バスで約10分。終点の「羊ヶ丘展望台」停でバスを降りたら、都心とは思えない牧歌的な風景が広がる。

その中に立つクラーク像は際立っている。このクラーク像が作られたのは、１９７６（昭和51）年である。

その経緯は、観光スポットであった北海道大学構内にあるクラーク博士の胸像に関係している。大学は、研究活動に支障が出るとして構内への観光バスの乗り入れを１９７３（昭和48）年に禁止、観光客は気軽にクラーク像を見学できなくなった。

これに対して、札幌観光協会は北海道の開拓者精神を全国に伝えていくために、ここ羊ヶ丘展望台に全身のクラーク像を建立したのである。折しも、１９７６年はクラーク博士来道１００

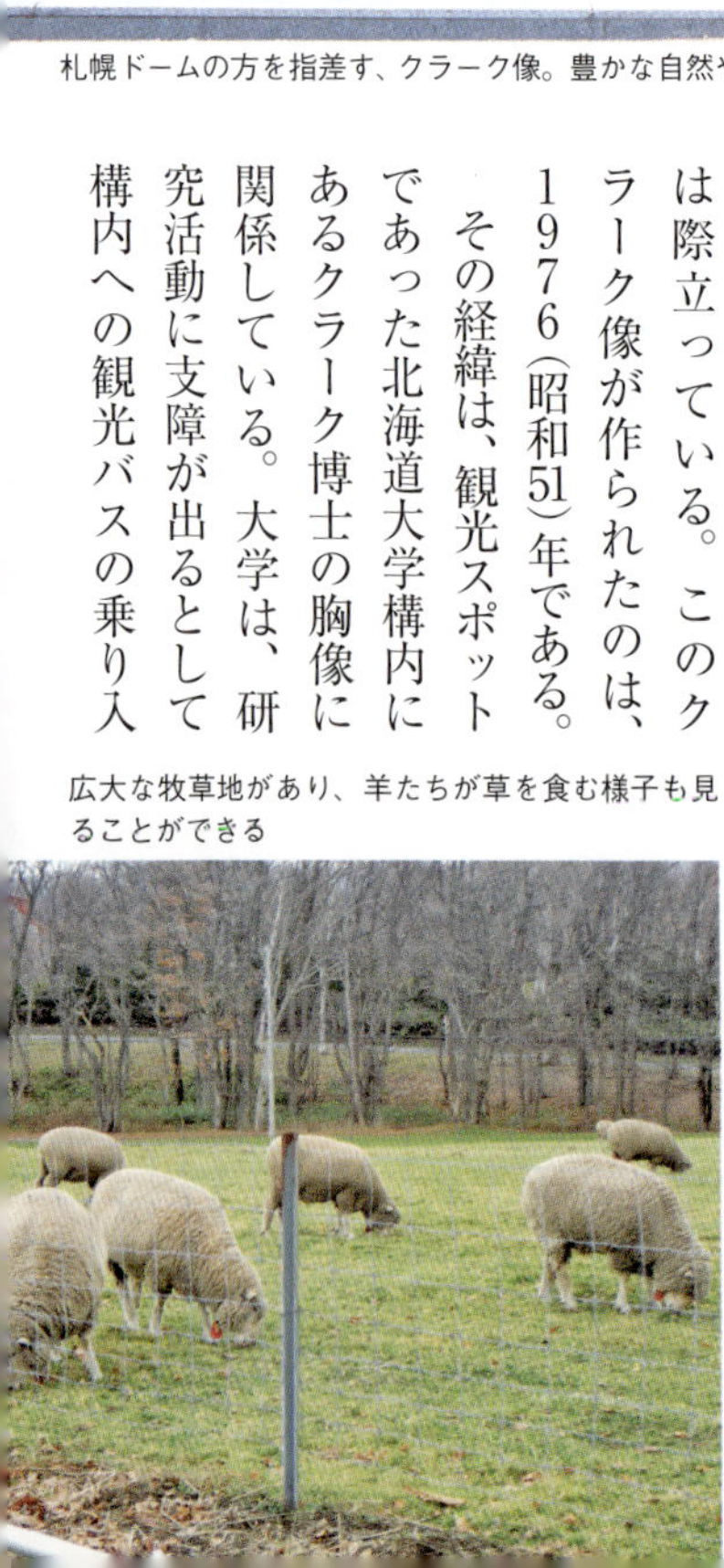

広大な牧草地があり、羊たちが草を食む様子も見ることができる

年記念、アメリカ合衆国建国200年祭にあたっていた。なお、羊ヶ丘展望台は1959（昭和34）年に農林水産省北海道農業試験場（現在の北海道農業研究センター）の一角に観光施設として誕生したところである。施設内には、1950（昭和25）年から開催されたさっぽろ雪まつりのポスターや資料などを集めた「さっぽろ雪まつり資料館」、レストハウス、足湯などがある。

❶ 羊ヶ丘展望台
●札幌市豊平区羊ヶ丘1番地●開館／10～4月 9：00～17：00、5～6月 8：30～18：00、7～9月 8：30～19：00●休館／無休●入場料／大人500円、小中学生300円●TEL／011-851-3080

大農場の面影を今に残す
八紘学園《はっこうがくえん》

羊ヶ丘展望台からバスに乗り、もう一度東豊線福住

札幌市豊平区 コース11

- 地下鉄東豊線 福住駅
- 中央バス「福住駅」停
- ▼〈バス〉3.5km・10分
- ❶ 羊ヶ丘展望台
- ▼〈バス〉3.5km・10分
- 中央バス「福住駅」停
- 地下鉄東豊線 福住駅
- ▼ 0.4km・4分
- ❷-A 八紘学園（八紘学園資料館）
- ▼ 0.6km・7分
- ❷-B 八紘学園（ポプラ並木出口）
- ▼ 2.1km・23分
- ❸ つきさっぷ郷土資料館
- ▼ 1.0km・11分
- ❹ 月寒神社
- ▼ 0.2km・2分
- ❺ アンパン道路の碑
- ▼ 1.1km・14分
- ❻ 月寒あんぱん本舗ほんま
- ▼ 隣接
- 地下鉄東豊線 月寒中央駅

総ウォーキング距離 約5.4km
所要時間 約4時間

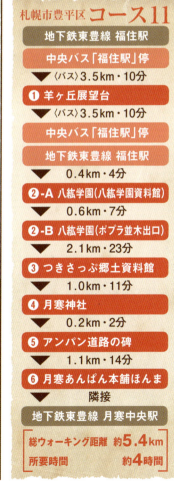

駅に戻る。駅から4分ほど歩くと「八紘学園資料館」と名づけられたレンガ造りの二基のサイロが見えてくる。このサイロに隣接して明治時代に建てられたという木造の牧舎（めん羊舎）もあり、酪農業が盛んであった戦前の面影を残す貴重な建物となっている。

　これらは、かつてここで酪農業を営んでいた吉田牧場のものであり、昭和初期には農業経営者の育成を目指す八紘学園が創設されている。

　八紘学園資料館から月寒東3条に向かっては、600mに渡るポプラ並木が続いており、園内であるが自由に通行できるため市民にも利用されている。また、学園の実習農場には花菖蒲園があり、開花時期（7月）に限り一般に開放されている。

約100本のポプラと白樺が続く、「ポプラ並木」。実習畑および農道は立ち入り禁止

牧歌的な風景を創り出している、サイロと牧舎

花菖蒲の時期は多くの人が訪れる

❷ 八紘学園

●札幌市豊平区月寒東2条14丁目●開園／8:30～17:30（※花菖蒲園）●入園料／大人（中学生以上）300円、小学生100円（※花菖蒲園のみ）●TEL／011-851-2500

1941（昭和16）年建設
つきさっぷ郷土資料館

　かつては「月寒あんぱん本舗ほんま」が斜め向かいにあったが移転。月寒には1896（明治29）年から歩兵第25連隊が置かれていた。1940（昭和15）年には北部軍司令部が置かれ、その翌年には北部軍司令官の官邸としてこのレンガ造りの建物が建設された。

　戦後の一時期は北大の学生寮にもなっていたが、1985（昭和60）年から郷土資料館としてオープン。

館内には旧陸軍の軍服なども展示してある

❸ つきさっぷ郷土資料館

●札幌市豊平区月寒東2条2丁目●開館／4月～11月の水曜・土曜、10:00～16:00●入館料／無料●TEL／011-854-6430

ウォーキングスポット

森林総合研究所「北海道支所 標本館」

1936（昭和11）年の昭和天皇行幸の際に整備された標本類を納めた標本館では、森林の重要性をわかりやすく学ぶことができる。また併設の樹木園では約200種の木に名前がついており、散策しながら樹木に親しめる。

森林総合研究所 北海道支所 標本館

●札幌市豊平区羊ヶ丘7●開館／9:00～16:00、期間4～10月末（詳細要問い合せ）●休館／月曜（祝日の場合は開館）●入場料／無料●TEL／011-851-4131

月寒《つきさむ》神社

1903（明治36）年に改称

白石中の島通から国道36号に入り、遠軽信用金庫から右に曲がり真っ直ぐ進んだ正面に月寒神社がある。

ここの起源は1884（明治17）年とされており、広島県出身の移住者が厳島神社の御分霊と稲荷神の二柱を現在の福住に祀ったことに始まる。その後「西山神社」となり、「月寒神社」に改称している。

この場所に移ったのは、1918（大正7）年

❹ 月寒神社
●札幌市豊平区月寒西3条4丁目1-56
●TEL／011-851-0857

アンパン道路の碑

アンパンで兵士を応援！

アンパン道路は、国道36号の月寒中央通7丁目から平岸3条14丁目までの全長2.6km。民間人と歩兵第25連隊兵士の協力によって、1911（明治44）年にわずか4ヶ月で完成した。

この際、町は道路工事に従事した兵士に間食としてアンパン（月寒あんぱん）を支給したことから現在の名前となっている。なお、アンパン道路の碑は月寒神社のそばにある。

地下鉄月寒中央駅の目の前に建つ、案内板

アンパンをイメージした、ユニークな碑

❺ アンパン道路の碑
●札幌市豊平区月寒西3条5丁目

月寒《つきさむ》あんぱん本舗ほんま

伝統の味を受け継ぐ

移転前は住宅街のなかに商店が点在する北野通を歩き、白石中の島通に入ると、札幌名物ともなった、「月寒あんぱん」を販売する店があった。創業は1906（明治39）年、元々は旧陸軍の歩兵第25連隊に日用品をはじめ様々な物資を納める「大原屋本間商店」であった。

普通のアンパンと異なる独特の風味が魅力の「月寒あんぱん」

❻ 月寒あんぱん本舗ほんま月寒総本店
●札幌市豊平区月寒中央通8-1-10月寒中央ビル1F●TEL／011-851-0817

ミニ開拓人物史

吉田善太郎《よしだぜんたろう》

1871（明治4）年に北海道開拓使の移民募集で岩手出身の吉田善太郎、当時10歳は、現在の月寒中央通7丁目に移住。父親は木炭製造業を営んでいた。20歳のときに父親を亡くし家業を継ぐ。

その後明治20年代には大谷地に広大な土地の貸し下げを受けて農場経営。特に現在の清田につくった灌漑用水路は、機械がほとんどない時代に、地主、小作人40人以上がスコップと鍬を使い完成させたもので、この用水路完成により米つくりが盛んになった。その基点の場所には吉田用水記念碑が1919（大正8）年に建立された。

月寒の村づくりに尽力し、開拓の祖となり、明治末から近代的酪農にも力を入れ、月寒村に第7師団第25連隊を誘致した。

コース12

二つの神社や歴史と文学の碑が点在する公園

1916（大正５）年に現在地に移転した相馬神社。万物生命守護神として崇められている

札幌市豊平区 コース12

- 地下鉄南北線 澄川駅
- ▼ 0.6km・9分
- ❶ 相馬神社
- ▼ 0.1km・3分
- ❷ 天神山緑地
- ▼ 0.2km・4分
- ❸ 平岸開基120年記念碑
- ▼ 0.1km・2分
- ❹ 平岸林檎園記念歌碑
- ▼ 0.1km・2分
- ❺ 太平山三吉神社・平岸天満宮
- ▼ 0.7km・10分
- 地下鉄南北線 澄川駅

総ウォーキング距離 約1.8km
所要時間 約1時間

相馬神社

樹齢３００年以上の御神木は圧巻

地下鉄南北線澄川駅から平岸通を進み、人気ラーメン店「純連」の手前を山の方に登っていくと樹齢３００年を超える見事な栗の御神木が視界に入ってくる。この栗の木は、直径１２１㎝、樹高10ｍで札幌の保存樹に指定された。「相馬神社」は、札幌神社の遥拝所だった現在地に１０９２（明治35）年1月、福島県相馬郡太田村鎮座相馬太田神社の崇敬者が、御分霊を奉還したのが始まり。

この神社には、４本柱に

平岸開村五十年記念碑と相馬神社創立記念碑が並んで建つ

御神木の栗の木。300年以上この地を見守ってきた

支えられた屋根付きの土俵が設置されている。かつては、ここで草相撲が盛んに行われていたようだ。

丘陵につくられた公園

天神山緑地

相馬神社のすぐ隣が天神山緑地。天神山は、標高85mの小さな山で、かつてこの一帯はリンゴの栽培地だったと伝えられている。緑地内には、梅、桜の並木があり春には花見を楽しめるほか、日本庭園も設置されており、市内とは思えない四季折々の景観が市民の目を楽しませている。

公園全体が丘陵になっているため、アップダウンがあり軽い運動としては最適。展望台からは、札幌市内を見渡すことができ、天気の良い日には遠くに手稲山を望むことができる。

❶ 相馬神社
●札幌市豊平区平岸2条18丁目1-1●TEL／011-831-3413

国道453号側からの入り口。駐車場もある

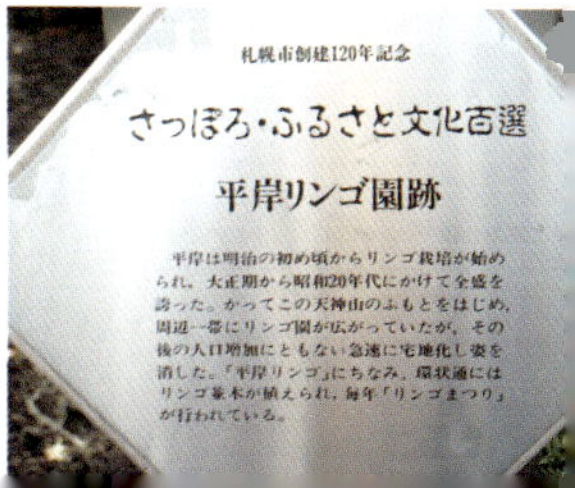

「さっぽろ・ふるさと文化百選」にも指定

❷ 天神山緑地
●札幌市豊平区平岸1条18丁目

平岸の歴史を象徴する碑

平岸開基120年記念碑

天神山緑地内に遊戯広場があり、ここから上に登ったところに碑が建っている。この記念碑は、平岸地区の開基120年を記念して、1990年の記念植樹の際に建立されたもの。平岸村が誕生したのは、1872（明治5）年。平岸はアイヌ語で「崖の・尻のところ」という意味で、その名の通りこの一帯は丘陵状の地形となっている。

平岸開基120年記念碑。岩手からの入植者が最初だという

札幌出身の作家・久保栄の歌碑

平岸林檎園記念歌碑

平岸が〝りんご〟の産地だったことを象徴する碑。札幌出身の劇作家・演出家久保栄が戦後に創作した第一作目の戯曲で北海道を舞台とした「林檎園日記」の歌碑が刻まれている。この戯曲は、りんご園を3代にわたって経営する開拓農家「阿部林檎園」一家が、苦労しながらも北の大地で生きていく姿が描かれている。上演にあたっては「チェーホフを想

林の中にひっそりとたたずむ歌碑

ウォーキングスポット 「精進河畔公園」

精進川は南区の国営公園滝野スズラン丘陵公園近くの丘陵から南区、豊平区をまたがって流れる河川。明治の中ごろから定山渓鉄道が開通するまでは、木材の搬送に利用されていたという。現在は緑地化されて、渓流沿いを歩くと滝もあり、住宅街とは思えないほど自然豊かな公園だ。

トイレなども整備されており散策には最適

はせ主題に〝桜の園〟を一歩出んとする生活詩劇である」と評論されている。

この碑のすぐ近くに石川啄木句碑もあるので、こちらにも立ち寄ってみたい。

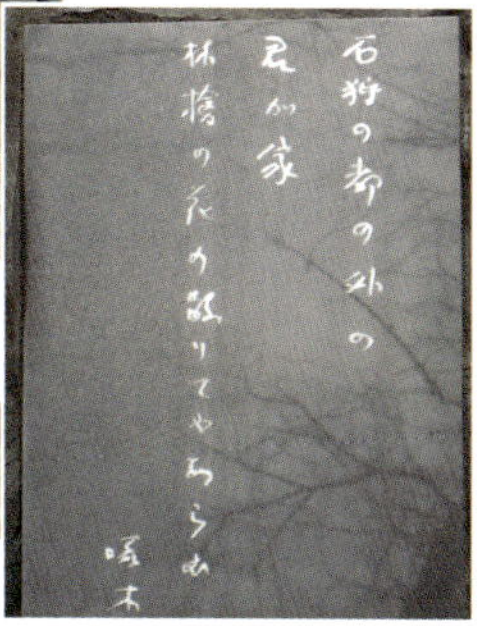

「石狩の都の外の君が家林檎の花の散りてやあらむ」と啄木の歌碑が刻まれる

二つの名前がある神社
太平山三吉神社・平岸天満宮

平岸林檎園記念歌碑からすぐの場所に平岸天満宮こと太平山三吉神社がある。二つ名前があるのは、主神に三吉霊神と菅原道真公が祀られているため。1903（明治36）年、太宰府天満宮からの分霊を天神山に祀ったことが平岸天満宮のはじまりで、昭和に入ってから秋田の太平山三吉神社の分霊を合祀して、二つの名前が付けられたようだ。

神社敷地内に建つ舞殿

太平山三吉神社・平岸天満宮の二つの名を持つ神社

❺ 太平山三吉神社・平岸天満宮

●札幌市豊平区平岸2条16丁目3-2●TEL／011-841-3456

ミニ開拓人物史
志村鐵一《しむらてついち》

志村鐵一はまだ橋が無かった頃の豊平川の渡し守（川等を船で渡る時の船頭及びその管理者）を幕府から任命された札幌開祖の1人とされ、その後豊平に定住した初めての和人と言われている。

その志村鐵一の功績を讃え顕彰碑（功績を讃えた記念碑・石碑等のこと）が豊平川のほとりに建っており、「志村鐵一ゆかりの地」とされている。なお「志村鐵一ゆかりの地」は、「さっぽろ・ふるさと文化百選」に選定されている。

また、同じ頃、豊平川を挟んで志村の反対岸に住んで同じように渡し守をしていたのが吉田茂八で志村同様に碑が建立されている。

コース13

産業の歴史、エドウィン・ダンと石切り場跡

白と緑のコントラストが美しいエドウィン・ダン記念館

札幌市南区 コース13

- 地下鉄南北線 真駒内駅
- ▼ 0.7km・8分
- ❶ エドウィン・ダン記念館
- ▼ 0.6km・7分
- 中央バス「柏丘8」停
- ▼ 〈バス〉2.2km・7分
- 中央バス「石山東3」停
- ▼ 0.1km・1分
- ❷ 石山緑地（緑地内0.6km）
- ▼ 隣接
- 中央バス「石山陸橋」停

総ウォーキング距離　約2.0km
所要時間　約2時間30分

北海道酪農普及の業績を伝える
エドウィン・ダン記念館

北海道の歴史を語るとき、忘れてはいけない人物のひとりがエドウィン・ダンである。このエドウィン・ダンの記念館は、真駒内駅前のなだらかに下る

館内にあるエドウィン・ダンの肖像画

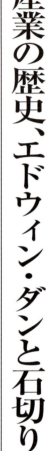

広い道路の左側の歩道を進み、ガソリンスタンドを左に曲がり、郵便局に突き当たったらその隣にある。記念館は明治時代（明治13年・1880年に建設）の建造物の優雅な美しさを継承している。

北海道の酪農畜産は70年間（明治9〈1876〉年〜昭和21〈1946〉年）に渡り、エドウィン・ダンによって建てられた北海道開拓使の「牧牛場の事務所」を中心に発展してきた。この「牧牛場の事務所」を現在の場所に移築し、再現したのがエドウィン・ダン記念館である。館内には、エドウィン・ダンが北海道の酪農や牧畜などにもたらした大きな業績を伝える展示物が並んでいる。

歴史探訪メモ

エドウィン・ダン 年譜

1848（嘉永元）年
米国オハイオ州に生まれる。牧場主の父から牧畜経営を学ぶ

1873（明治6）年
25歳でケプロンの要請で来日し、東京で牧畜を指導

1875（明治8）年
出張で七重へ。札幌、新冠を視察

1876（明治9）年
東京第三官園から札幌官園に転勤。真駒内牧牛場の建設に着手

1877（明治10）年
札幌官園から牛を真駒内に移動、牧牛場の業務開始

1882（明治15）年
開拓使廃止に伴い、翌年帰郷

1884（明治17）年
駐日米国公使館二等書記官として、再来日

1913（大正2）年
真駒内牧牛場は約3,000haの広さになる

1931（昭和6）年
東京代々木の自宅で永眠

ゆったりとした、館内の展示室B、C、D

〈ダンを語る油絵が多数〉

エドウィン・ダンの功績を語るにあたり、1873（明治6）年の来日の際にアメリカから40頭の牛、91頭の羊、農耕具を日本へ輸送していることが挙げられる。このアメリカの牛や羊が「種」の持つ重要性を日本の生徒たちに教え、その種が遺伝された牛や羊が日本に生き続けているといっても過言ではない。

館内には、輸送された牛や馬の姿を表現した展示物もある。

その館内の造りは、事務所特有のシンプルな空間に区切りの少ないA、B、C、Dの展示室で構成されている。1876（明治9）年真駒内牧場の建設から、牛を飼い、耕地を広げ、バターやチーズの製造方法を伝授。

一木万寿三画伯の油絵、絵は「農林省新冠種畜牧場」

また、ここは牛だけではなく羊や豚などの各種の家畜を飼育し、家畜の改良や馬を使った農作業の指導などを行う拠点にもなっていた。これらの札幌や新冠牧場の様子は貴重な写真や大小23点の油絵（一木万寿三画伯の作）などで紹介されている。

なお、館内には説明員の方がいるのでエドウィン・ダンの詳細について知ることができる。

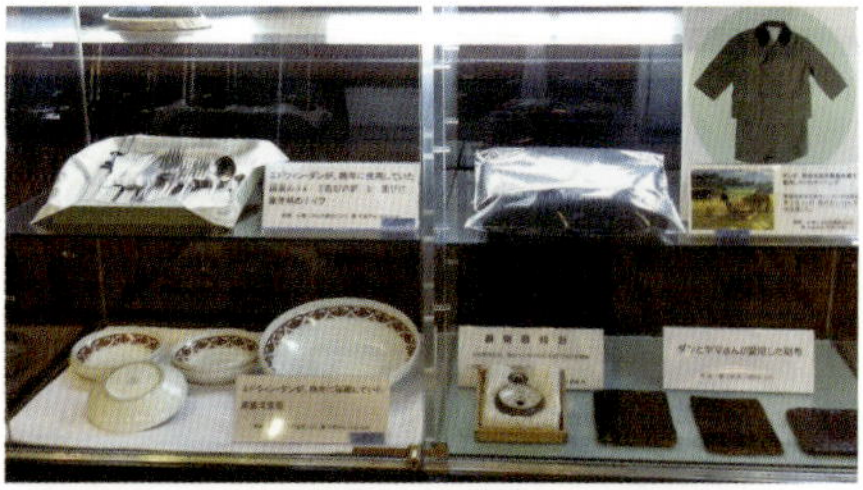

エドウィン・ダンの愛蔵品なども陳列

❶ エドウィン・ダン記念館

●札幌市南区真駒内泉町1-6●開館／9：30～16：30、冬季11/1～3/31は金、土、日のみ開館●休館日／水曜、年末年始●入館料／無料
●TEL／011-581-5064

歴史探訪スポット

「エドウィン・ダン記念公園」

ちょうど記念館の後ろ側に広がる、エドウィン・ダン記念公園。カモが棲み、木々の影を映す「ひょうたん池」がある。また右手に農具を持ち、左肩に子羊を載せたエドウィン・ダン像がある。

石切り場から公園へ

石山緑地

札幌軟石を使った案内用の石

❷ 石山緑地
●札幌市南区石山78

石山緑地へはバスで移動する。ここはかつて札幌軟石《なんせき》の石切り場であったところで、ユニークな公園としてのオープンは1993年である。

札幌軟石は凝灰岩で、支笏湖が形成された火山活動の時期（約3万年前）に札幌周辺に堆積した火山灰が固まったものである。札幌軟石は1872（明治5）年にお雇い外国人によって発見された。開拓使が石材を利用した洋風化建築を勧めたこともあり、需要は拡大の一途をたどった。大正から昭和の最盛期には、年産30万個、石材店も100軒を越え石工も300人いたという。採掘は露天掘りなど手彫りの時代が長く続き、チェンソー式に変わったのは昭和30年の半ばころである。しかし、この頃には大正時代に登場したコンクリートの普及が進み、コンクリートの時代になっていた。

石山緑地にはテニスコートや木製遊具などがある北ブロックから入り、緑豊かな小道を歩き進むと、古代ローマ遺跡を思わせる「ネガティブマウンド」と名づけられた野外劇場のような空間がある。実際、イベントが開かれることもある。また、石切り場であった跡は随所に見ることができる。

木々に覆われてしまった、石切り場の跡

ネガティブマウンド。石の上に座りギターを弾く人もいる

ミニ開拓人物史

エドウィン・ダン

北海道における大規模農業の礎を築いたエドウィン・ダン。1873（明治6）年に来日し、日本人女性と結婚。最愛の妻と日本に長く住もうとしていたことがうかがえる。

82年に開拓使が廃止されたことで東京に移り、その翌年にアメリカへ帰国。北海道での業績を評価されてアメリカ公使館二等書記官として再来日。その後公使にまで昇進した。

1894（明治27）年の日清戦争勃発時は、和平交渉実現のために奔走し、時の外務大臣・陸奥宗光にも深く感謝されたと伝えられている。

日本を終生こよなく愛し続けたエドウィン・ダンは1931（昭和6）年に東京の自宅で82年の生涯を終えている。

コース14

明治の通行屋と仏の心を訪ねる

旧黒岩家住宅（旧簾舞通行屋）の外観

札幌市南区 **コース14**

じょうてつバス「東簾舞」停

0.6km・7分

▼

❶ 大松寺

0.3km・3分

▼

❷ 旧黒岩家住宅（旧簾舞通行屋）

0.7km・8分

▼

❸ 浄徳寺

0.1km・1分

▼

じょうてつバス「簾舞」停

総ウォーキング距離　約**1.7**km

所要時間　約**2**時間

草庵は明治41年の建立

大松寺《だいしょうじ》

じょうてつバスの「東簾舞」停を降りたら、石山通を横断し左に入る。7分程歩き、左に行けばすぐ旧黒岩家住宅（旧簾舞通行屋）であるが、ここは右に曲がって大松寺を目指す。

なだらかな上り坂を上がった右側に大松寺がある。2009年秋にここか

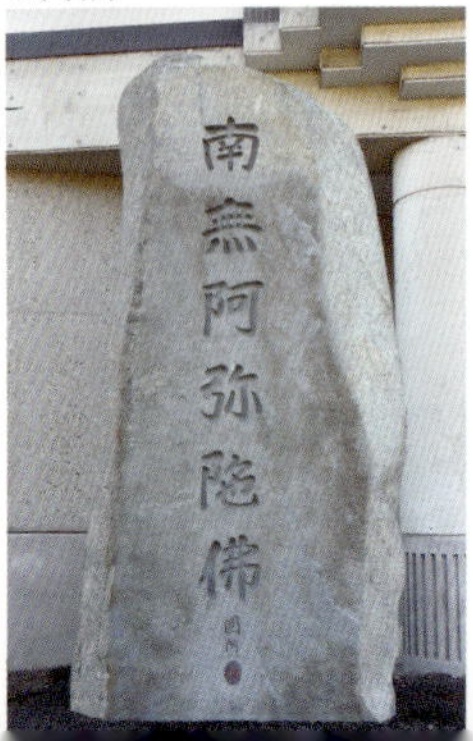

阿弥陀仏の「陀」の字に特徴がある、石碑

ら少し離れた藤野2条11丁目にお寺の機能の大半を移転したため、住職も不在なことが多いが本堂の外には浄土宗・大松寺を物語る碑とお地蔵さんがあり、一見の価値がある。

3mを越える石に「南無阿弥陀仏」の文字を刻んだ碑には、思わず手を合わせたくなる「ありがたさ」がある。また、境内にあるお地蔵さんの

足元と腕に子どもがいる、珍しい地蔵菩薩

❶ 大松寺

●札幌市南区簾舞1条1丁目及び南区藤野2条11丁目8-8●TEL／011-596-2510

歴史も古く、1928（昭和3）年頃からある。さらに本堂には「罷菩薩像《ひぼさつぞう》」という珍しい漆絵があるが、事前に連絡を入れないと堂に入ることはできない。

開拓時代の歴史を詰め込んだ

旧黒岩家住宅（旧簾舞通行屋《きゅうみすまいつうこうや》）

福岡県三井郡出身の黒岩清五郎は安政年間に蝦夷地に入り、寺侍を務めていた。函館奉行所から通行屋の屋守を命ぜられ、この

指定有形文化財の案内板

旧棟の広間、炉を囲んで人々が集まったことを想像させる

地に入植したのが1871（明治）4年で、有珠新道（本願寺道路）の開通に伴うものであった。翌年、旧簾舞通行屋が建てられたときは、現在の場所ではなく本願寺道路のあった石山通沿い（「簾舞中学校」付近）である。しかし、わずか2年後の1873（明治6）年には現在の国道36号の基礎となる札幌本道が開通、本願寺道路の利用価値はほとんどなくなっていた。

当時の簾舞は全くの無人の地で、1882（明治15）年に下藤野に入植者が現われるまでは清五郎一家のみによる開墾と通行屋経営であった。通行屋は旅人や開拓者が宿泊、休憩するところであった。駅逓所《えきていしょ》は、これに人や馬を提供する機能があったと考えればよいであろうが、明確な定義づけはない。実際、旧簾舞通行屋は宿屋兼開拓農家であり、駐在所や私設教育所（小学校の前身）などにも利用された。

この現在の旧黒岩家住宅は、入口の右側が新棟で簾舞郷土資料館を兼ねている。左側が旧棟で炉つきの広間と4つの部屋で構成され

宿泊することもできた座敷

歴史探訪スポット
「札幌藤野神社」

北海道神宮の御祭神の御分霊を祀る、札幌藤野神社。神社には道路から急角度に伸びた坂（階段）を上る。この坂は「千⃝坂」（まるせんさか）と呼ばれている。案内板には「明治16年に千⃝の屋号を持つ松沢松之助がこの地に入植して開拓の鍬をおろしたことから、「千⃝坂」と呼んだ。藤野地区開拓の第一歩を印した場所である。」と書かれてある。坂（階段）を上ると奥に赤い屋根の祠がある。ここからの景色も美しい。

ていて宿泊機能を考慮した座敷になっている。新棟には玄関、居間、台所、土間、馬小屋、納屋があり、開拓農家の暮らしをうかがい知ることができる。

なお通行屋は1884(明治17)年に廃止され、旧簾舞通行屋は黒岩家住宅として1887(明治20)年に現在の場所に移築された。黒岩家は1982(昭和57)年に引越をして、この簾舞の住宅と土地を札幌市に寄付した。市は2年後にここを市の有形文化財に指定するとともに、翌年、解体調査と復元工事を行った。

❷ 旧黒岩家住宅(旧簾舞通行屋)
●札幌市南区簾舞1条2丁目4-15●開館/9:00~16:00●休館/月曜及び祝日の翌日、年末年始
●入館料/無料●TEL/011-596-2825

人形を配置して当時の開拓の農家の暮らしを再現

浄徳寺
「仏」とは心そのもの

旧黒岩家住宅から静かな住宅街を歩いて約8分、道路左側の奥まったところに建つ「浄徳寺」。北海道八十八ヶ所霊場の第69番の寺院になっている。建立から20年程経っている真言宗醍醐派の寺であるが、住職は真言宗醍醐派の総本山醍醐寺(京都)に長年務めていた方で、現代に生かすことのできる仏教の教えに卓越している。宗派を問わず仏の心について語ることができ、地域の相談役としても活躍している。

高さ30cmほどの由緒ある「聖観音」、真言宗の仏である「大日如来」などが迎えてくれる。浄徳寺の境内にある坂を降りると、石山通のバス停「簾舞」に出ることができる。

やさしい笑みが印象的な「聖観音」

格調高い本堂の薬師如来

入母屋造りの風格ある外観

❸ 浄徳寺
●札幌市南区簾舞2条5丁目6-1●TEL/011-596-5969

コース15

一番最初の屯田兵村で当時の生活を知る

琴似屯田兵村兵屋跡の内部。暖房は囲炉裏の火のみで、当時の生活の厳しさを物語る

札幌市西区 コース15

- 地下鉄東西線 琴似駅
- ▼ 0.3km・3分
- ① 国指定史跡 琴似屯田兵村兵屋跡
- ▼ 0.7km・8分
- スポット 二宮金次郎像（琴似小学校内）
- ▼ 0.5km・6分
- ② 屯田の森 記念碑（西区役所）
- ▼ 隣接
- ③ 琴似屯田歴史館資料室（西消防署琴似出張所庁舎2F）
- ▼ 0.2km・2分
- ④ 琴似神社と琴似屯田兵屋
- ▼ 1.6km・18分
- 地下鉄東西線 琴似駅

総ウォーキング距離　約3.3km
所要時間　約2時間

現存する、貴重な建物

国指定史跡 琴似《ことに》屯田《とんでん》兵村《へいそん》兵屋跡《へいおくあと》

地下鉄東西線琴似駅にあるイオン向かいの見逃しそうな細い道に入ると、琴似屯田兵村兵屋跡の建物が見えてくる。

琴似屯田兵村の正式名は「屯田兵第1大隊第1中隊」、1875（明治8）年5月に入植した屯田兵制度最初の兵村である。兵村の建設はその前年に行われており、208戸の兵屋が建てられた。その208戸の一つが、この「第133号兵屋」であり、復原された現在の建物である。

　この住居は、宮城県から屯田兵として入植した清野専次郎に与えられた。当時は1戸あたり150坪の区画が割り当てられ、兵屋の大きさは17・5坪であった。

　兵屋跡はその遺構で、建物は1972（昭和47）年に入植時の姿に復原された。

　国の指定史跡になったのは1982（昭和57）年のことである。厳しい開拓と軍事訓練の日々を過ごした屯田兵にとって、兵屋は憩いの場であった。

1875（明治8）年当時の姿に復原された外観

❶ 国指定史跡 琴似屯田兵村兵屋跡
●札幌市西区琴似2条5丁目●開館／9：00～16：00●休館／年末年始●入館料／無料
●TEL／011-621-1988

当時の民家や一般開拓入植者の家よりはかなり恵まれた住居で、機織り機や臼など当時の生活用品も置かれている

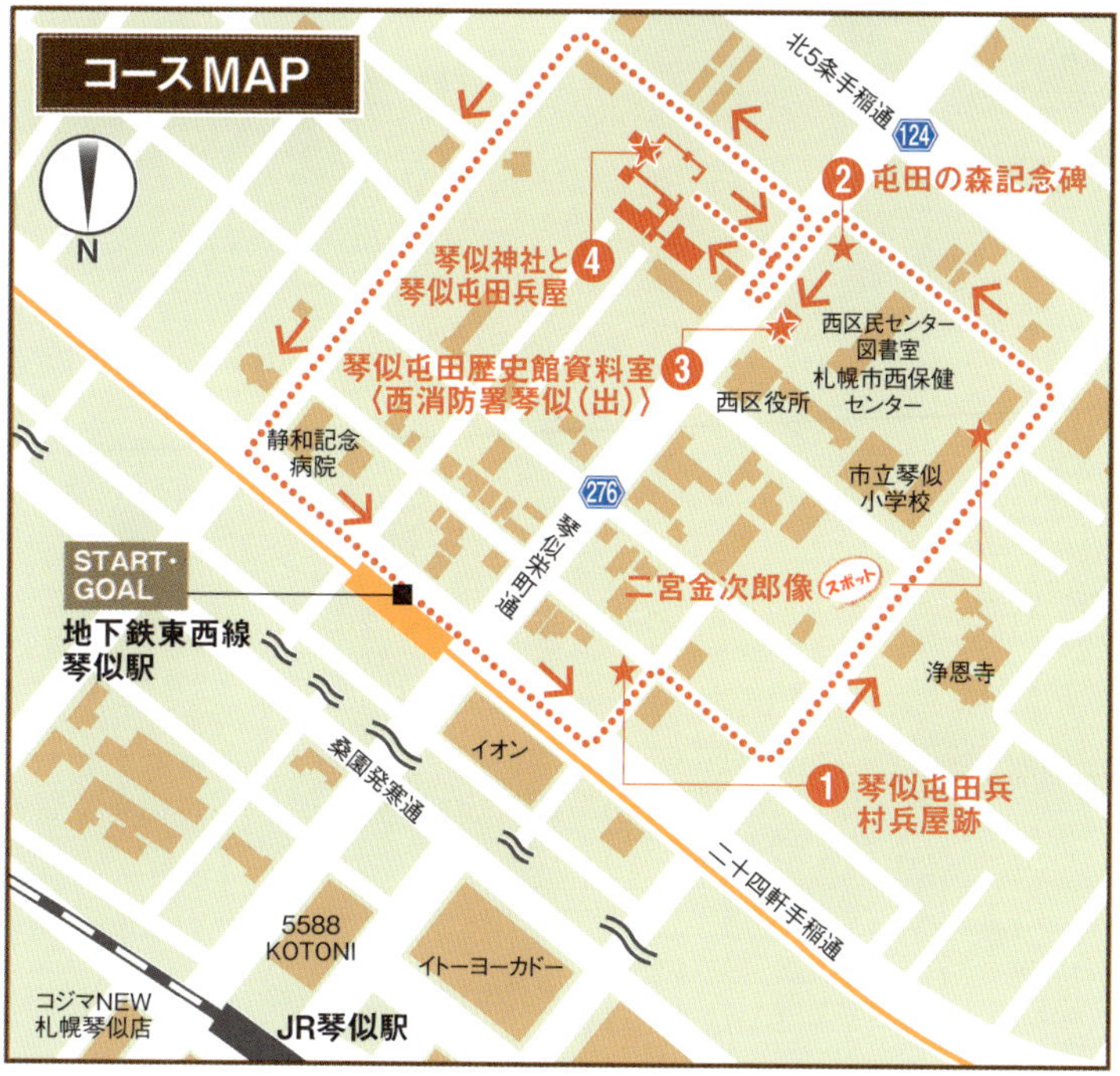

屯田兵の暮らしが見える
屯田の森 記念碑（西区役所）

琴似小学校の脇を通り過ぎると西区役所。ここは、屯田兵の中隊本部が置かれていた場所で、屯田の森は区役所の敷地内にある市民の憩いの場である。

「琴似屯田兵第1大隊第1中隊本部之趾」「琴似屯田兵顕彰碑」「屯田兵本部趾碑」「琴似屯田開村記念碑」「陸軍屯田百年記念碑」と、屯田兵関連の碑が五基建っている。ベンチも配置されているので休憩スポットとしても利用できる。

❷ 屯田の森 記念碑
●札幌市西区琴似2条7丁目
●TEL／011-641-2400（西区役所）

西区役所敷地内の屯田の森内に建つ五基の碑

屯田兵の子孫が開館
琴似屯田歴史館資料室

西区役所の隣に西消防署琴似出張所庁舎があり、この2階に資料室がある。琴似屯田兵の子孫の人たちが「琴似屯田兵子孫会」を結成し、ボランティアで開館したという。

このため開館は毎週月、水、金曜の10時から16時までとなっている。屯田兵の武器、生活道具、資料などが約1000点展示されており、当時の生活の様子や苦労を詳しく知ることができる。屯田兵の歴史に興味がある人は、友の会会員を募集しているので、気軽に参加してより深く学ぶこともできる。

西消防署琴似出張所庁舎の2階にある

琴似屯田兵村や屯田兵に関する貴重な資料を展示

❸ 琴似屯田歴史館資料室
●札幌市西区琴似2条7丁目●見学時間／月・水・金曜の10:00〜16:00
●休館／祝日・年末年始●入場料／無料●TEL／011-614-8245

歴史探訪スポット
「二宮金次郎像（琴似小学校内）」

1877（明治10）年に創立された長い歴史を持つ、琴似小学校。この学校の脇道を通ると、今では珍しくなった二宮金次郎像がある。この像にはなぜか金次郎の文字がなく「まこと」の文字が刻まれている。台座の裏には「皇太子殿下御成婚のよい日に」とある。なお、この小学校では校内に郷土資料を展示しているところがあるが、もちろん許可なく入ることはできない。

琴似神社と琴似屯田兵屋

最初の屯田兵村があった地

屯田兵時代の農機具など、生活道具類がある

琴似屯田歴史館資料室のある庁舎の向かいに琴似神社がある。この神社の御祭神は武早智雄神《たけはやちおのかみ》で入植した屯田兵と関連があり、最初は現在の山の手2条1丁目に1875（明治8）年に建立された。琴似神社に改称されたのは、1897（明治30）年のことである。

さらに琴似神社本殿右側の塀の裏には「屯田兵屋」が保存されている。1874（明治7）年11月にできた最初の屯田兵屋で一部を修復しているが、建築当時そのままの姿である。なお、この兵屋は当時、現在の琴似1条5丁目にあたる琴似屯田兵村に建っていた。

この屯田兵屋の間取りは8畳と6畳の二部屋、兵屋番号は140番である。粗悪な建物のように見えるが、当時、土壁付きの家屋は恵まれたものであったという。ここからゴールまで遠回りしてみるのもいいだろう。

琴似神社の本殿

神社境内の奥にある琴似屯田兵屋

❹ 琴似神社と琴似屯田兵屋

●札幌市西区琴似1条7丁目1−30

●TEL／011-621-5544

歴史探訪メモ

屯田と屯田兵制度

屯田を辞書で引くと、「辺境に兵士を土着させ、平時には農業を行わせ、有事の際には軍隊に動員する制度」とある。中国では漢の時代（BC202〜AD8）からあったとされている。軍屯（耕作者が兵士の場合）、民屯（耕作者が一般民の場合）という言葉もある。また帝政ロシア時代のコザック兵にも屯田制度があったという。日本の屯田兵制度はロシア封じの北海道開拓が目的であった。

ミニ開拓人物史

村橋久成《むらはしひさなり》

開拓使麦酒醸造所の建設・事業責任者となり、日本にビール産業を興したキーマンといえる村橋久成。薩摩藩の武士の家に生まれ、英国ロンドン大学を卒業し、幕末維新では官軍に参加して箱館戦争では活躍した。

1871（明治4）年、開拓使に採用され、七重村官園（現・七飯町）や琴似兵村（現・札幌市）の測量や道路、家屋などの建設に当たった。その後、麦酒醸造所の建設責任者となり、1876（明治9）年に麦酒醸造所と葡萄酒醸造所の建設に着手し、現在サッポロファクトリーがあるところに完成させた。

翌年には「冷製札幌麦酒」と名付けられたビールができ事業は軌道に乗るが、1881（明治14）年突然開拓使を辞職。家族を捨て行脚放浪中の1892（明治25）年に、孤独な最後を迎えたという。

コース16

手稲地区で栄えた温泉旅館の名残を探す

浄苑寺富丘浄苑の敷地内の奥に安置されている三十三ケ所観音。それぞれ表情が異なるがいずれも柔和な観音像に思わず頬が緩む

札幌市手稲区 **コース16**

JR稲積公園駅

▼ 1.6km・22分

① 球徳稲荷

▼ 0.5km・5分

② 浄苑寺富丘浄苑

▼ 1.2km・14分

③ 手稲コミュニティセンター（開村五十年記念碑と八十年記念碑・手稲村道路元標・軽川停車場）

▼ 0.9km・10分

JR手稲駅

総ウォーキング距離　約4.2km
所要時間　約3時間

伝説の温泉旅館があった

球徳《きゅうとく》稲荷《いなり》

JR稲積公園駅を出て左に曲がり、線路沿いを駅前クリニックまで進むと富丘東公園が見えてくる。

公園を左手に真っすぐ進み、二十四軒手稲通、国道5号を渡り、20分ほど手稲山方面に歩くと次第に上り坂になり、富丘南公園が視界に入ってくる。このエリアは手稲山の麓ということもあり、緑豊かな公園が多く、時間と体力に余裕があるなら公園内も散策するといいだろう。

富岡南公園を過ぎてすぐ

歴史探訪メモ

三十三ケ所

三十三ケ所は「西国三十三ケ所札所」に由来している。西国三十三ケ所は和歌山、奈良、滋賀、岐阜、京都、大阪の四県二府にまたがる33のお寺で、これらを巡礼してお札を受ける。このように場所の異なる三十三ケ所が、一山《いっさん》、一寺に三十三ケ所を模した地蔵を置いてお参りすることが広まったために、各地に三十三ケ所がある。

❶ 球徳稲荷
●札幌市手稲区富丘５条2丁目

高架下をくぐったすぐの山側にある鳥居。高速道路からも見える

の所に札樽自動車道の高架があり、高架をくぐってすぐに見えてくるのが球徳稲荷の真っ赤な鳥居。かつて、このあたりは札幌でも屈指といわれた温泉旅館「光風館」があった場所で、この「光風館」から球徳稲荷を経由して道端に三十三ケ所の

観音地蔵が置かれていた。「光風館」は、1892（明治25）年に建てられた温泉旅館で、その外観は竜宮城に例えられるほど豪華だったそうだ。

　ちなみに現在三十三ヶ所の観音地蔵は、次に訪れる浄苑寺富丘浄苑（真妙寺）と祥龍寺の2つの手稲区内の寺に分けられて祀られている。

5分ほど上ると、鳥居の先に球徳稲荷の本殿が見える

※浄苑寺 富丘浄苑（真妙寺）

富丘浄苑は1954（昭和29）年に宗教活動を始め、2年後に「真妙寺」を建立する。真妙寺は真言宗のお寺であったが、1974（昭和49）年に宗派を問わない富丘浄苑となった。このため真妙寺という寺名の表示はしていない。

稲荷神社を守る狐

幻の三十三カ所観音地蔵に出会える

浄苑寺《じょうえんじ》　富丘浄苑《とみおかじょうえん》

　三十三ヶ所観音地蔵の一部が保管されている浄苑寺富丘浄苑は、球徳稲荷から徒歩5分の所にある寺である。入り口に巨大な不動明王が建っているのですぐにわかる。三十三ヶ所観音地蔵は少々分かりづらい場所にあり、寺の敷地内の奥の小路にズラリと並ぶ。一部は「光風館」時代のものだが、修復したり新しく作られたものも含めて三十三体ある。この寺に安置されるようになった経緯には「光風館」が関係している。温泉旅館が1940（昭和15）年ころに閉鎖されると、三十三ヶ所を訪れる人も少なくなり、観音像も半ば埋

富丘浄苑の外観。入り口の横にはお地蔵様や馬頭観世音碑がある

ウォーキングスポット

「中の川緑地」

　西区西野から手稲区富丘、前田地区を流れる中の川。川沿いは遊歩道として整備されており、緑豊かでウォーキングには最適の環境。JR稲積公園駅から富丘東公園を抜けて河川沿いに出られる。春は桜づつみで美しい光景が広がる。

散策路が整備されており絶好の散策スポット

もれた状態にあった。1956（昭和31）年ころ、真妙寺（富丘浄苑）の初代住職の加藤浄真《じょうしん》がこれらの地蔵を見つけ出し、地域の人たちの申し出もあり、掘り起こして寺でお守りすることにしたのである。

三十三ケ所観音、第一番目の観音地蔵

手稲の温泉旅館「光風館」の往時の賑わいは観音地蔵から伺い知ることはできないが、明治、大正、昭和と温泉が湧き出る旅館に湯治客や旅行者などが集まった様子を想像するのも楽しい。

❷ **浄苑寺 富丘浄苑**
●札幌市手稲区富丘4条4丁目5-2
●TEL／011-682-7521

歴史探訪メモ

光風館

小樽の東幸三郎が1892（明治25）年に開業。大正、昭和といくつかの歴史的なエピソードを残すが、1940（昭和15）年ころに閉鎖される。1955（昭和30）年に手稲温泉「北家」として復活するが、1975（昭和50）年に廃業する。

馬車鉄道の客車を展示

手稲コミュニティセンター

富丘浄苑から高台通に出て小樽方面に10分ほど歩くと、住宅街の中に建つ手稲コミュニティセンターに到着。ここは札幌市の施設で、休憩やトイレタイムに利用できる。施設の入口に軽川停車場の説明看板と客車を展示。説明書きを読むと、1922（大正11）年から1936（昭和11）年まで手稲の軽川地区と石狩の花《ばん》畔《なぐろ》間を馬車鉄道が走行していたという。また、ここは石碑群のエリアとなっており、手稲村道路元標、開村五十年記念碑と八十年記念碑が建っている。

手稲村道路の起・終点の手稲村道路元標

❸ **手稲コミュニティセンター**
●札幌市手稲区手稲本町3条1丁目3−41●見学時間／9：00〜21：00●休館／年末年始（12/29〜1/3）●入館料／無料●TEL／011-681-2133

ミニ開拓人物史
三《み》木《き》勉《つとむ》

1871（明治4）年、宮城県白石藩士とその家族600人のリーダーとして三木勉は北海道に渡る。その中から241人が三木勉とともに現在の手稲区宮の沢に入植した。

三木は自宅を私塾として開放し、「時習館」と名付け子供の教育にあたった。小さな茅葺の建物に児童7人、これが時習館の始まりだった。時習館はその後「手稲筆算所」として手稲に移り、現在の手稲東小学校に引き継がれている。学制が施行された1872（明治5）年当時の札幌には、資生館（現資生館小学校）、善俗堂（現白石小学校）、時習館（現手稲東小学校）の三校しか存在しなかったのだ。

三木は豊平村や千歳村の戸長をつとめるなど、札幌開拓の先駆者として、教育から行政面まで大きな役割を果たし、1895（明治28）年、東京で57歳の生涯を終えている。

コース17

開拓使時代の名所や偉人の足跡をたどる

美しいれんがの色が目を引く北海道庁旧本庁舎（赤れんが庁舎）

札幌市中央区 コース17

- 地下鉄南北線 札幌駅
- ▼ 0.3km・4分
- ❶ 北海道庁旧本庁舎
- ▼ 0.6km・7分
- ❷ 札幌市時計台
- ▼ 0.9km・10分
- ❸ サッポロファクトリー（レンガ館）
- ▼ 0.2km・3分
- ❹ 旧永山武四郎邸及び旧三菱鉱業寮
- ▼ 0.2km・3分
- ❺ カトリック北一条教会
- ▼ 0.5km・6分
- 地下鉄東西線 バスセンター前駅

総ウォーキング距離　約2.7km
所要時間　約3時間

北海道庁旧本庁舎

1969（昭和44）年に国の重要文化財に指定

「旧道庁」「赤れんが庁舎」、単に「赤れんが」などさまざまな愛称で親しまれている、北海道庁旧本庁舎。建物は北海道庁の敷地内にあり、札幌駅から歩いてすぐのところにある。

広い前庭の奥に建つ、「赤れんが」は、1968（昭和43）年、北海道百年記念に合わせ、八角塔のドームがそびえる現在の姿に復元された。このアメリカ風ネオバロック様式の造りは、明治時代の優れた洋風建築を今に伝える美しさを誇っている。なお、最初の庁舎は、1888（明治21）年に建設されている。

地上2階、地下1階の赤れんが館内には、北海道立文書館、樺太関係資料館、北海道の歴史ギャラリー、観光情報コーナーなどがあり、さまざまな知識を得ることができる。赤れんがはまさに北海道開拓以降のシンボル的存在として今も輝き続けている。

明治の風格が漂う赤れんがは、現道庁の会議室として現在も使用されている

開拓のシンボル五稜星

❶ 北海道庁旧本庁舎
●札幌市中央区北3条西6丁目●開館時間／8：45～18：00●休館日／12/29～1/3●入館料／無料●TEL／011-204-5019（ダイヤルイン・平日8：45～17：30）、011-204-5000（北海道庁本庁舎中央司令室／土、日、祝）

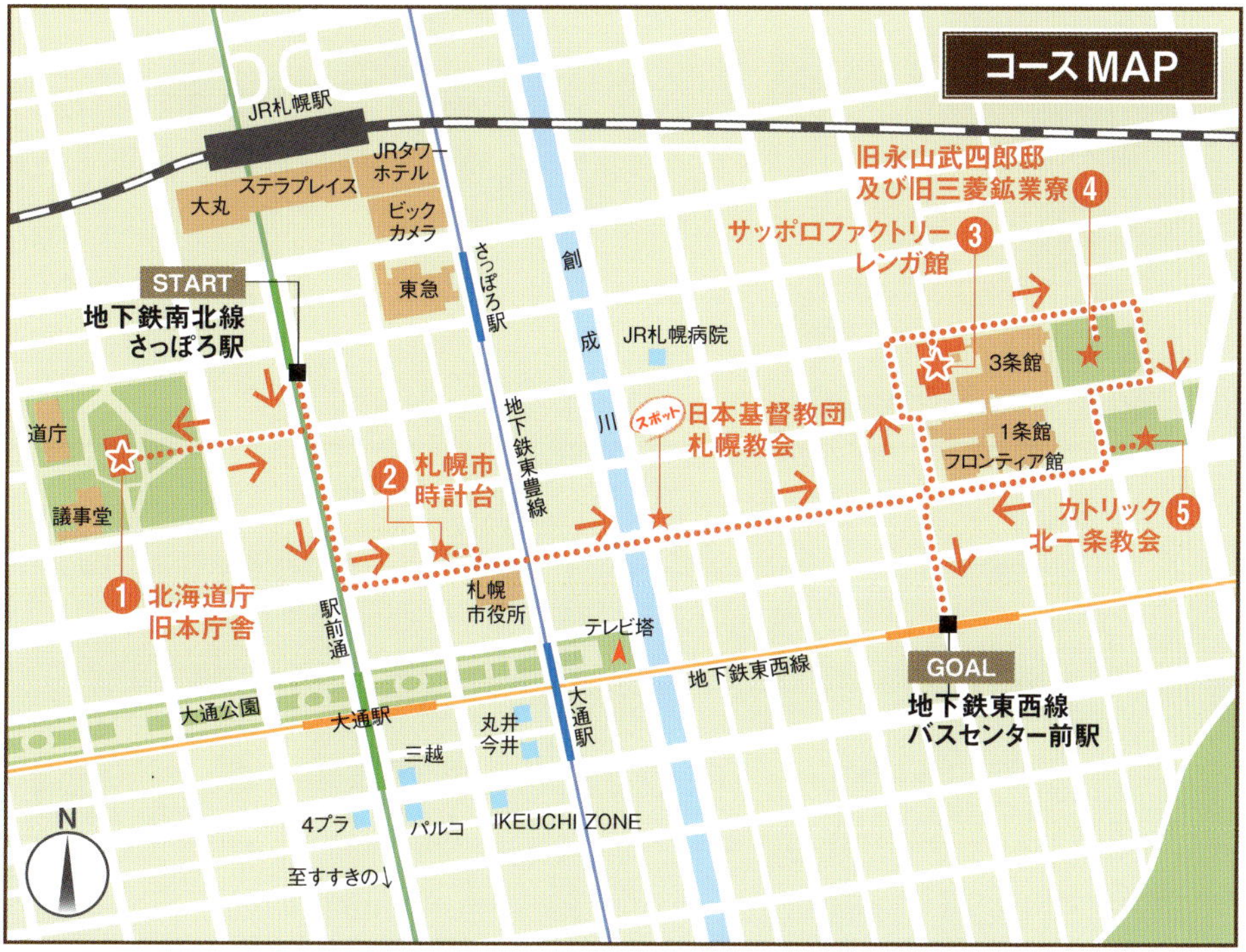

国の重要文化財の指定は１９７０(昭和45)年

札幌市時計台

札幌の中心地に建つ時計台

赤れんが庁舎からイチョウ並木を通って12分ほど歩くと、時計台の愛称で有名な「札幌時計台」がある。ここは「旧札幌農学校の演武場」として、積雪寒冷地・北海道向けの建築とバルーン工法を取り入れ建設されている。

❷ 札幌市時計台
●札幌市中央区北1条西2丁目●開館／8:45〜17:10(入館〜17:00)●休館／第4月曜(第4月曜が祝日の場合は翌日)、年末年始(12/29〜1/3)●入館料／大人200円(中学生以下は無料)●TEL／011-231-0838

赴任した外国人教師たち

旧札幌農学校の初代教頭は、クラーク博士である。博士はキリスト教的な教育を行うとともに、自身が従軍した南北戦争の経験から「武芸練習場」の建設を考えていた。この構想を実現したのが2代目教頭となるW・ホイラーで、１８７８(明治11)年に「農学校の演武場」を完成させている。(現在の時計台の場所・北1条より約１２０m北よりの北2条に建てられた)この時、鐘楼のみで時計は付けられていなかったが、開拓長官黒田清隆の発案で時計の設置が決定。アメリカ合衆国ボストンハワード会社から取り寄せた、動力に「おもり」を利用した機械式塔時計が１８８１(明治14)年に設置された。

2階に展示されている1928年製作のハワード社の時計

時計台の2階は、当時、兵式訓練や体育の授業などの屋内体育館、中央講堂、授業などに使用されていた。クラーク博士の教育精神を受け継いだ建物は、１９０３(明治36年)に農学校が現在の北海道大学の地に移転するまで多くの学生に愛されてきた。その3年後に時計

歴史探訪スポット

「日本基督教団札幌教会」

創成川に面して建っている札幌軟石の教会堂。1889(明治22)年に札幌美以(メソジスト)教会を組織して以来、120年の歴史を持ち、札幌農学校第一期生とも関わりが深い。現在の石造りの教会は焼失した木造の教会に代わって道庁土木課技手であった間山千代吉が1904(明治37)年に建築した。

日本基督教団札幌教会
●札幌市中央区北1条東1丁目●入場料／無料
●TEL／011-221-2444

台は解体せずに、現在の場所に移転されている。

現存する貴重なレンガ造り施設
サッポロファクトリー（レンガ館）

開拓使は明治の初期、創成川の東側一帯に木工や機械、馬具、製網、製紙、缶詰、製油、味噌醤油醸造、製粉、製糸などの大小さまざまな工場からなる事業所群を造成した。当時、この地域は最先端の技術を集められた工業都市だったのである。その中に「開拓使麦酒醸造所（現サッポロビール）」のビール工場もあった。ここに造られた経緯を辿ると当初ビール工場は東京に建造されるはずだったが、イギリスに留学した経験を持つ建設・事業責任者の村橋久成《むらはしひさなり》が気候に適した札幌での製造を願い出た。当時のお抱え外国人もそれに同意したため、札幌の地にビール工場が造られることとなった。そしてドイツで製法を学んだ中川清兵衛と村橋によって札幌のビールの歴史が始まったのである。

開拓使が造ったビール工場は、最初は木造の建物だったが、ビールの醸造に成功し、札幌産ビールが全国に知れわたるにつれて、やがてレンガ造りになり、以後増築された。現在残っている建物は、大正時代に建てられたものである。1882（明治15）年に開拓史が廃止になると、様々な事業が民間に払い下げられ、開拓使麦酒醸造所も同様に払い下げられることとなったが、現在までその姿を残すのはこのビール工場のみである。サッポロビールのシンボルが五稜星なのも開拓使時代から続くつながりを示している。

1989年に工場は恵庭市に移転され本来の役割を終えたが、歴史的建造物を残すという構想の下で1993年に「サッポロファクトリー」が開業、かつてのビール工場はレンガ館として残されたのである。現在もサッポロファクトリー内の小規模ビール工場「札幌開拓麦酒醸造所」では開拓使当時のレシピでビールを製造しており、館

現在もビールを醸造している赤レンガの工場

巨大な煙突はサッポロファクトリーのシンボル

❸ サッポロファクトリーレンガ館
●札幌市中央区北2条東4丁目1-2●開館／10:00〜22:00●休館／要問い合せ●入場料／無料●TEL／011-205-5000

開拓使当時のビールのラベル

内にはサッポロビールの歴史や製造工程などを解説した見学館も設置している。

屯田兵の父の暮らしに触れるもの

旧永山武四郎邸及び旧三菱鉱業寮

現在は静かな記念公園内に建つ

屯田兵生みの親・育ての親にして「屯田兵の父」と呼ばれる永山武四郎。屯田兵村は全道に37ヶ所できたが、永山はそれらの兵村や屯田兵たちと深く関わり、特に上川などの内陸部に力を注ぎ東永山村、西永山村（現旭川市・永山地区）など彼の名を付けられた村も存在した。また、屯田兵の育成のほかにも北海道産業の発展に貢献し、特に炭鉱の開発や鉄道の延長に務めてきた人物として知られている。

旧永山武四郎邸は彼が北海道を終の棲家にすべく明治10年代前半、屯田事務局長時代に私邸として975坪という広い土地に建築された。重厚かつ簡素にまとめられた邸宅は、15畳の和室と応接間である洋室が繋がっている和洋折衷型。その内部は洋風の広間、ホール、応接室、和室などからなり、天井の中の飾りなどは、同時期に建築された清華亭や豊平館のものと類似している。

15畳の和室は洋間と繋がっている

また、北側には家族や使用人たちの部屋や台所、風呂場などが付いた平屋があった。

1911（明治44）年に永山邸の土地・建物は三菱合資会社に譲り渡され、1937（昭和12）年頃には建物の北側が解体され、社員寮となった。そして1985（昭和60）年に札幌市の管轄になり、元々ある建物部分（旧棟）は、2年後に道指定文化財となった。1989年にこの辺り一帯を「永山記念公園」として整備している。旧永山武四郎邸と旧三菱鉱業寮は、明治前半から昭和期の時代様式をそれぞれよく表し、それらが共存している点でも建築的価値が高い建物である。2018（平成30）年にリニューアルオープンし、札幌市民や旅行客が訪れている。

❹ 旧永山武四郎邸及び旧三菱鉱業寮
●札幌市中央区北2条東6丁目●開館／9：00～22：00●休館／毎月第2水曜日（祝日の場合はその翌日）、年末年始●入館料／無料
●TEL／011-232-0450

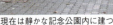

130年の歴史を持つカトリック教会

カトリック北一条教会

　永山記念公園から歩いてすぐの位置にある「カトリック北一条教会」は、1881（明治14）年に札幌で最初に伝道されたカトリック教会である。1893（明治31）年に伝来したフランス人のラフォン神父により石造り2階建ての聖堂（現在は司祭館）が建てられ、1916（大正5）年には、ドイツ人のF・フェルゲット神父により設計された木造平屋建ての聖堂が建てられる。内部は「ノアの箱船」を模しているといわれ、近年では珍しい畳敷である。

　その歩みは130年に及び、函館教会のペッティ司教が1880（明治13）年に来札し、札幌での布教を開始する。フォリー神父は、1895（明治28）年まで熱心的に布教を行うが健康悪化のためフランスに帰国する。その後任として着任したのがラフォン神父だった。ラフォン神父は20年間に渡り活動を続けるが1914（大正3）年にフランシスコ会が函館を除く道内の布教・司牧を担当することになり、ラフォン神父は福島県へ転任する。

　戦争中には布教活動を制限されるが、戦後、信教の自由を回復。現在に至るまで札幌教区の司教座聖堂（カテドラル）として、市内はもちろん、道内の各教会に対して重要な位置を占めている。

聖堂の横には旧本堂(司教館)が建つ

❺ カトリック北一条教会
●札幌市中央区北1条東6丁目●TEL／011-231-4189

ミニ 開拓 人物史
サラ・クララ・スミス

　北星学園の前身で、札幌初の女子校を開校した宣教師サラ・クララ・スミス。アメリカニューヨーク州出身でフランスやドイツに留学した後、小学校教師をしていた。1880（明治13）年に東京の女子校に着任。しかし、気候が合わず重い病を患うことになり、生まれ故郷の気候に似た北海道へ移り住んだ。

　1887（明治20）年、札幌にある尋常師範学校の英語教師になったが、女子校をつくることを切望し、私財を投じて札幌市中央区北1条西6丁目にあった官舎の馬小屋を改造した簡素なところに私塾を開校。その7年後には、中央区北4条西1丁目に校舎を移し、新渡戸稲造らの勧めで「北星女学校」と校名を改めた。

　1931（昭和6）年、80歳のときに引退して帰国。44年もの間、札幌の女子教育の発展に多大な貢献をした。

歴史探訪メモ❷

北海道の旧シンボル五稜星

　現在の北海道のシンボルは七稜星だが、赤レンガ庁舎をはじめとする開拓時代の建物に刻まれているのは北極星を意匠化した五稜星である。時の開拓使次官である黒田清隆は在任時に五稜星から七稜星に変更したいと日本政府に申し出たが、その申請は却下された。それから100年近く経過した1967年道旗と道章を定めることとなり、七稜星が北海道のシンボルとなったのだ。

コース18

江戸、明治、昭和の痕跡をたどる

公開期間中は三つの窓から内部の観覧が可能、国の重要文化財「八窓庵」

滋賀県から札幌へ

八窓庵《はっそうあん》

中島公園に入り、日本庭園を進むとその中に「八窓庵」が建つ。正確な建築年代は不明だが、江戸時代初期の近江小室藩（現滋賀県長浜市小室町）藩主であり総合芸術家としても名を知らしめた小堀遠州《こぼりえんしゅう》が建築したと言われている。茶室の内部は二畳台目《にじょうだいめ》（二畳プラス4分の3畳の広さ）で遠州としては最も狭い部類の小間になっている。

名の由来は3つの連子《れんじ》窓に4つの下地《したぢ》窓、1つの突上《とつじょう》窓の計八窓があること

札幌市中央区 コース18

- 地下鉄南北線 中島公園駅
- 0.4km・5分
- ❶ 八窓庵
- 0.2km・2分
- ❷ 豊平館
- 1.0km・11分
- ❸ 札幌護国神社
- 1.4km・16分
- 地下鉄南北線 中島公園駅

総ウォーキング距離 約3.0km
所要時間 約2時間

園内の日本庭園も見どころのひとつ

❶ 八窓庵

●札幌市中央区中島公園内●開館／9：00～17：00●開館期間／4月下旬から11月上旬●TEL／011-211-2312 ※入室不可

から八窓庵と呼ばれている。八つの窓から光を取り入れることで空間を広く見せ、また窓の配置によって点前座《てまえざ》（茶室にて、亭主が茶を点（た）てるのに必要なスペース）の舞台的な効果を生み出している。

その後、1919（大正8）年に実業家である持田謹也が購入し、札幌の彼の邸宅へ移築された。この際三分庵と呼ばれる茶室と水屋を増設して現在の三室一棟の姿となっている。

2005年には事故で建物が全壊したが、修復が完了しており、その際に建造物修繕記録である棟札《むねふだ》2枚が発見されている。調べてみると長浜八幡宮俊蔵院に所在していた時代があったということ、その後1868（明治元）年に川崎村円教寺（現・滋賀県長浜市）への移築、1902（明治35）年には同じ長浜市にある舎那院《しゃないん》へ移築されていることが判明した。内部に入る事はできないが、窓から内部を覗くことは可能である。

天皇行幸を迎えた
豊平館

日本庭園を出て、菖蒲池を左手にして道沿いに歩くと洋館が見えてくる。1880（明治13）年に現在の中央区北1条西1丁目に建てられた「豊平館」である。

白い外壁とラピスラズリを用いたウルトラマリンブルーが映える

北海道開拓使直属の洋風ホテルとして、アメリカの建築様式を基調に、ヨーロッパ建築様式と和風とが美しく調和している造りである。外壁は白を基調に、正面車寄せの円柱やバルコニーの手摺、窓枠部分は清涼感あふれるウルトラマリンブルー（白群青）で高級感を演出している。

内部も天井中心部に紅葉・牡丹・芍薬《しゃくやく》・百合・椿など日本人に馴染みの草花等をモチーフにした直径1.4mの漆喰中心飾りや工部省赤羽耕作分局製作のシャンデリア、西陣織のじゅうたんなど贅を尽くしている。

1889（明治14）年8月30日から4日間、明治天皇北海道行幸の行在所にあてられる。さらに1911（明治44）年に皇太子（後の大正天皇）、1922（大正11）年には摂政官（後の昭和天皇）の行啓の際の宿泊地となるなど皇室との結びつきも深い。1958（昭和33）年に現在の地に移転することになり、

三代の天皇・皇太子の御座所である梅の間

七宝焼の洗面器や切子のランプなども観覧できる

❷ 豊平館
●札幌市中央区中島公園内●開館／9:00～17:00●休館／第2火曜（祝日の場合は翌日）、年末年始●入場料／無料●TEL／011-211-1951

ウォーキングスポット
「北海道立文学館」

北海道文学の貴重な資料を常設展示室に展示しているほか、アイヌ民族の口承文学、小説、評論などを紹介。高橋留治文庫、久保栄文庫、船山馨文庫、石森延男文庫のコレクションのほか有島武郎、森田たま、和田徹三らに関わるコレクションも揃っている。企画展の開催もある。

北海道立文学館
●札幌市中央区中島公園1-4●開館／9:30～17:00（展示室は16:30）●休館／月曜（月曜が祝日等の場合は開館）、年末年始（12/29～1/3）●入場料／一般500円、高・大学生250円、中学生以下・65歳以上無料●TEL／011-511-7655

1986（昭和61）年には修復事業も完了し現在の姿となった。現在は結婚式場やレストランとして利用されている。

多くの戦没者が眠る
札幌護国神社

西南戦争から太平洋戦争までの戦没者を祀る

ここは有栖川宮《ありすがわのみや》熾仁《たるひと》親王《しんのう》が、屯田兵招魂碑と題し、1879（明治12）年に北6条西7丁目の楽園前に碑を建立したのが始まりである。

その後、1901（明治44）年に中島公園に移され、日露戦争により将軍乃木大将の直筆の忠魂碑が完成。1933（昭和8）年には現在地に御神殿を造営し、以後祭儀を執行している。当初は札幌招魂社と呼ばれ、1939（昭和14）年に護国神社となる。終戦後は札幌彰徳神社と改称を経て札幌護国神社となった。

今から三十数年前のことになるが、皇族の三笠宮崇仁親王が1985（昭和60）年に参拝された折に「彰徳苑《しょうとくえん》」と命名された一帯がある。ここには、西南戦争、日清戦争、日露戦争、太平洋戦争など多くの犠牲者の御霊を祀っている碑が数多くある。

なお、毎年6月の第2週には記念行事の「彰徳苑まつり」が開催される。

❸ 札幌護国神社
●札幌市中央区南15条西5丁目1-3
●TEL／011-511-5421

社内でもっとも古い札幌招魂社碑

名前の由来となった彰徳苑碑

ミニ 開拓 人物史
ホーレス・ケプロン

開拓次官となった黒田清隆の依頼を受けて、1871（明治4）年67歳のときに来日したホーレス・ケプロン。翌年には北海道で有能な人材を育成するため、東京都港区にある芝増上寺の境内に開拓使仮学校を開校し、1875（明治8）年札幌移転にともない「札幌農学校」と改称した。

教育方針や授業科目などは初代教頭であるW.S.クラークに委ね、自身は道路建設、鉱業、工業、農業、水産業など、幅広く北海道開拓のために奔走した。馬を使った耕作や機械を導入してアメリカ式農業法を指導し、米のできにくい北海道で小麦栽培を推奨して開拓使麦酒醸造所（後のサッポロビール）が設立される要因にもなった。

同年に帰国したが、その後も北海道開拓への尽力を継続。1967（昭和42）年には北海道開拓100周年記念として札幌大通公園に、北海道開拓功労者顕彰像が建立された。

コース19

明治の初めに生まれた、北海道神宮と円山公園

北海道神宮の社殿は1978（昭和53）年に復興、現在の拝殿に改修されたのは1988（昭和63）年

1938（昭和13）年に建立

開拓神社

地下鉄円山公園駅を背にして真っ直ぐ進むと、円山公園の入口がある。円山公園の中を抜けると、開拓神社や北海道神宮に行くことができる。

公園内に入ると、歩道の右側が広い空間になっていてここが自由広場である。さらに進むと、幅の広いゆるやかな石造りの階段と鳥居が見えてくる。ここを上がっていくと、左側に開拓神社がある。ここは北海道開拓70年であった

切妻造りの屋根が美しい開拓神社・拝殿

開拓神社につながる、石段

❶ 開拓神社
❷ 札幌鉱霊神社
❸ 穂多木神社
●お問い合せ／北海道神宮
●TEL／011-611-0261

歴史探訪メモ

円山公園

ここは明治の初めに開拓使が設置した「円山養樹園」という試験場で、国内外から取り寄せた苗木を栽培し、寒い北海道での樹木の適応性などを調査していた。

1938（昭和13）年に、物故開拓功労者の御霊を奉斎するために建てられた。なお拝殿は1988（昭和63）年に造営された。

札幌鉱霊神社《こうれいじんじゃ》

1949（昭和24）年、末社となった

1943（昭和18）年、鉱山殉職者の慰霊のために社殿が建立され、1949（昭和24）年に境内に遷座《せんざ》（御神体を移すこと）し末社となる。

札幌鉱霊神社

穂多木神社《ほたきじんじゃ》

始まりは1938（昭和13）年

1938（昭和13）年、かつての北海道拓殖銀行では、本社屋上で札幌神社の祭神を奉斎《ほうさい》（つつしんで祀ること）し、また付属霊舎に物故功労者の御霊を奉斎《ほうさい》。1950（昭和25）年に境内に遷座し末社となる。

穂多木神社

札幌市中央区 コース19

地下鉄東西線 円山公園駅

▼ 0.6km・7分

1. 開拓神社
2. 札幌鉱霊神社
3. 穂多木神社

▼ 0.4km・4分

4. 北海道神宮

▼ 0.5km・6分

5. 岩村通俊之像

▼ 0.4km・5分

6. 島判官紀功碑

▼ 0.3km・3分

7. 数々の石碑群

▼ 0.8km・9分

地下鉄東西線 円山公園駅

総ウォーキング距離 約3.0km
所要時間 約2時間

１８６９（明治２）年の創祀

北海道神宮

島判官の像は1974（昭和49）年に、明治天皇御増祀10年を記念して建立

三つの神社を参拝し、道なりに進むと北海道神宮の広い参道に出る。北海道神宮の創祀は１８６９（明治２）年。明治天皇の勅旨により北海道開拓の守護神として大国魂神《おおくにたまのかみ》、大那牟遅神《おおなむちのかみ》、少彦名神《すくなひこなのかみ》の三神を祀る「北海道鎮座神祭」が斎行《さいこう》（お祭りや祈祷などの行事を行うこと）されたことに始まる。

翌年、現在の北５東１に仮の社殿が建てられ、１８７１（明治４）年５月に「札幌神社」と社名が決定する。その年の９月に円山の地（現在の場所）に社殿が完成し、開拓判官岩村通俊《かいたくはんがんいわむらみちとし》を祭主に「遷座祭《せんざさい》」が行われた。

北海道神宮と改称されたのは１９６４（昭和39）年のことである。明治天皇の増祀《ぞうし》（その神社にお祀りする神様が増えること）に伴うもので、御祭神は四柱《よばしら》となった。

拝殿の左側には開拓判官島義勇《しまよしたけ》の銅像がある。１８６９（明治２）年にこの地を検分した島義勇は、新大社の創営の場として円山の地を絶賛する漢詩を残しており、同年に御霊代《みたましろ》を背負って札幌に入ったとき、ここを開拓三神の鎮座地として定めた。

歴史探訪スポット「大師堂」

円山登山、八十八カ所コースの入口になっている「大師堂」。1914（大正3）年に四国八十八箇所にならって八十八カ所の観音像が設けられてから、登山が盛んになり、この時に大師堂が建立された。小さな大師橋を渡ると大師堂があり、右側にはたくさんの石仏が奉納されていて、お稲荷さんもある。

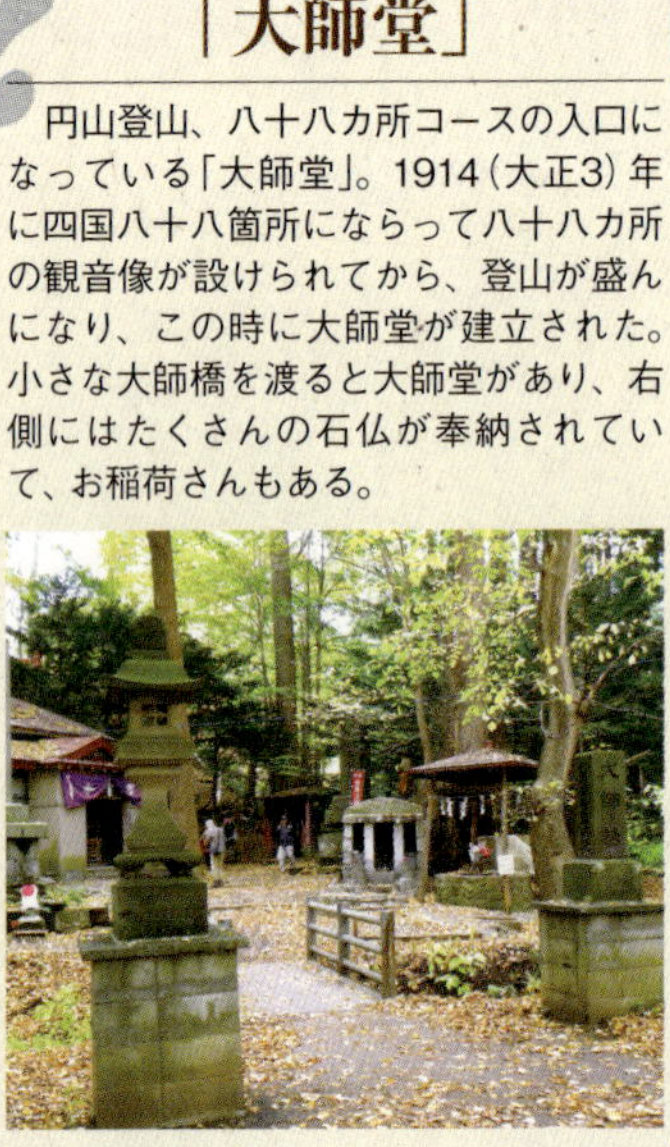

❹ 北海道神宮

●札幌市中央区宮が丘474●開門／6:00～17:00（4/1～10/31）、7:00～16:00（11/1～2/末 ※1/1～7を除く）、7:00～17:00（3/1～3/31）●TEL／011-611-0261

参拝者300人以上の収容が可能な本殿の内部

街づくりに貢献

岩村通俊之像《いわむらみちとしのぞう》

北海道神宮の長い参道を北１条宮の沢通に向かって歩き、通り沿いに１００ｍ程歩いて右へ入ると、円山公園の中になる。その入口近くに岩村通俊之像がある。

岩村通俊（１８４０～１９１５年）は島義勇の後を受け１８７１（明治４）年に開拓判官として札幌の開発継続に着手。氏による街づくりの最初は、街の基点を大友堀（創成川）の南１条に決めることであった。さらに丸太を並べた「創成橋」を設け、東西南北の区画割りを行った。

後に、北海道開拓の重要性を政府に説き、北海道庁の設置を働きかけた。１８８６（明治19）年に北海道庁が設置されると、初代長官に任命される。

木々におおわれた岩村通俊之像

高さ８ｍの碑

島判官紀功碑《しまはんがんきこうひ》

公園内をさらに進むと、大きな石の碑が見えてくる。それが幅２・２ｍ、高さ８ｍの「島判官紀功碑」である。紀功碑とは功績を記した碑のこと。片側３車線の広い道に分離帯として大通公園を設けるなど、札幌の街づくりの基礎を築いた島義勇の功績が碑文となっている。

存在感のある島判官紀功碑

深い緑の中に

数々の石碑群

車道を渡り左側に坂下野球場を見下ろすこのあたりは、公園のはずれになる。円山原始林として保存されている、豊かな緑の中には「殉難消防員之碑」「北海道方面委員慰霊碑」「北海道鉄道殉職碑」などが静かに建っている。

❺岩村通俊之像、❻島判官紀功碑、❼数々の石碑群については、円山公園管理事務所●TEL／011・621・0453

北海道方面委員慰霊碑

ミニ開拓人物史

飯沼貞吉《いいぬまさだきち》

会津藩出身で白虎隊に参加し、飯盛山で自刃するも一命を取り止め、唯一の生き残りとなる。明治維新後は貞雄と改名。

工部省（後の逓信省、現在の総務省）の電信技師として各地に赴任し、日清戦争が始まると技術部総督（階級は陸軍歩兵大尉）として出征した。

1905（明治38）年から5年間、札幌郵便局工務課長として、電話局の交換方式を単式から複式にする改良工事を監督し、札幌から旭川、小樽、室蘭と道内主要都市を結ぶ通信網の発展に尽力して札幌電気通信の育ての親と呼ばれた。

1989（平成元）年には遺徳を後世に残すため、かつて札幌で暮らした場所（札幌市中央区南7西1）に「会津藩白虎隊士飯沼貞吉ゆかりの地」と刻まれた記念碑が建てられた。

コース20

像・碑・建物から見る北海道の歴史

今では貴重になった札幌軟石を使った建物は歴史の重みを感じさせる

札幌と大通のことがわかる

札幌市資料館

地下鉄東西線西11丁目駅から大通公園を西へ少し歩くと見えてくる、石造りの建物が「札幌市資料館」である。ここは、かつて札幌控訴院（後の札幌高等裁判所）として1926（大正15）年に完成した建物である。かつて全国に8ヶ所控訴院があったが、建物が現存しているのは札幌と名古屋のみである。

建物は外壁に札幌軟石を、軟石の内側にレンガを使用した組積造と呼ばれる建築手法を用いており、さらに鉄筋コンクリート造りも取り入れた近代的な造りとなっている。この札幌軟石を用いた建造物は今では

復元された刑事法廷展示室

❶ 札幌市資料館

●札幌市中央区大通西13丁目●開館／9:00～19:00●休館／月曜（祝日の場合は翌日）、年末年始（12/29～1/3）●入場料／無料●TEL／011-251-0731

数えるほどしか残っていないこともあり、1997年に登録有形文化財に登録されている。

館内には大通公園をテーマに、札幌の歴史や文化をゆかりの人物に関するエピソードと共に紹介する街づくり歴史展示室

札幌市中央区 **コース20**

- **地下鉄東西線 西11丁目駅**
- ▼ 0.4km・4分
- **1 札幌市資料館**
- ▼ 0.4km・4分
- **2 マイバウム**
- ▼ 0.2km・2分
- **3 黒田清隆 ホーレス・ケプロン像**
- ▼ 0.2km・2分
- **4 有島武郎文学碑**
- ▼ 0.6km・7分
- **5 漁民の像**
- ▼ 0.2km・2分
- **6 開拓記念碑**
- ▼ 0.3km・3分
- **7 聖恩碑**
- ▼ 0.3km・3分
- **8 吉井勇歌碑**
- ▼ 0.2km・2分
- **9 石川啄木歌碑**
- ▼ 0.3km・3分
- **10 開拓母の像**
- **11 花の母子像**
- ▼ 0.1km・1分
- **地下鉄大通駅**

総ウォーキング距離 約3.2km
所要時間 約2時間

や、法律・司法などに関して学習できる法と歴史の展示室、当時の法廷を復元した刑事法廷展示室がある。

パネルなどを使って札幌の歴史をわかりやすく説明

海外交流と開拓時代の人物像

11丁目～10丁目「マイバウム」「黒田清隆・ホーレスケプロン像」

資料館を出て、11丁目に入ると巨大な木のようなものが見えてくる。これは、札幌の姉妹都市ミュンヘンから札幌オリンピックを記念して贈られた「マイバウム」と呼ばれるもので高さは25ｍもある。

10丁目には開拓の功労者である黒田清隆とホーレス・ケプロンの像が並んで建てられている。これは、1967（昭和42）年に北海道開拓に貢献した四人の像の設置が決まったことによる。この二人のほかに中央区の円山公園内に岩村通俊像、旭川市の常磐公園に永山武四郎像が設置されている。

黒田清隆像、隣にはケプロンの像が並ぶ

大通最古の碑と有島武郎の碑

9丁目～6丁目「有島武郎文学碑」「漁民の像」「開拓記念碑」

10丁目から横断歩道を渡って9丁目に入ると文章が刻まれた碑をすぐに見つけることができる。これは白樺派の作家であり札幌農学校出身の有島武郎の碑で、1962（昭和37）年に建てられた。

7丁目に入ると風雪に耐えて漁業をしていた人々の姿をありありと表した像がある。これは「漁民の像」といい、北海道開拓100年と、北漁協婦人部創立10周年を記念して建てられた。

6丁目には公園内で最も古い「開拓記念碑」がある。これは開拓使や屯田兵幹部

碑には「小さき者へ」の一節が刻まれている、有島武郎の碑

ミニ開拓人物史

黒田清隆《くろだきよたか》

北海道の開拓時代に、薩摩から来て活躍した偉人は多い。中でも黒田清隆は最も北海道開拓に貢献した人物かもしれない。新政府軍の参謀として箱館戦争を戦い、開拓次官、長官、そして後に総理大臣まで上り詰めたほどだ。

旧幕府軍総帥の榎本武揚が降伏したときに頭を丸めるまでして死罪になるはずの榎本を助けたり、北海道に屯田兵組織を置くことを上申し認めさせた。1877（明治10）年、西南戦争では屯田兵を出陣させて薩摩の先輩だった西郷隆盛を討った。

黒田というと酒による事件が多く、小さなものから大きな事件まで、これも人間、黒田清隆を語るときには欠かせないファクターだ。

が発起人となって建てられた。元々は、札幌での最初の公園である偕楽園に建てられ、1899年（明治32）年に現在の地に移されたのである。この碑には本願寺道路を開削したときの安山岩が使われている。

安山岩を使った碑

リアルさを追求している漁民の像

多くの像や碑が建ち並ぶ

5丁目〜2丁目「聖恩碑」「吉井勇歌碑」「石川啄木歌碑」「開拓母の像」「花の母子像」

5丁目の塔のような建物は「聖恩碑《せいおんひ》」と呼ばれる建造物で、明治・大正・昭和の3人の天皇の業績をたたえる碑として、1939（昭和14）年に建立された。碑には舞楽「蘭陵王」の面が彫刻されていて、西面には雨乞いの舞にも使われる竜の面がはめ込まれている。なお、この碑は1937（昭和12）年の市営水道の通水開始の記念でもある。

碑の正面（東側）に聖恩無疆と刻まれている

4丁目には札幌の木であるライラックを歌った「吉井勇歌碑」、3丁目には北海道のゆかりの歌人である石川啄木の没後70年を記念して建てられた「石川啄木歌碑」がある。歌碑には「玉蜀黍《とうもろこし》の焼くるにほいよ」の歌が刻まれている。

2丁目には、「開拓母の像」や「花の母子像」など開拓に関わる像が建てられている。大通公園には人物像や開拓に関わる碑や像、文学関係者の碑など様々なモニュメントが北海道の歴史を伝えている。

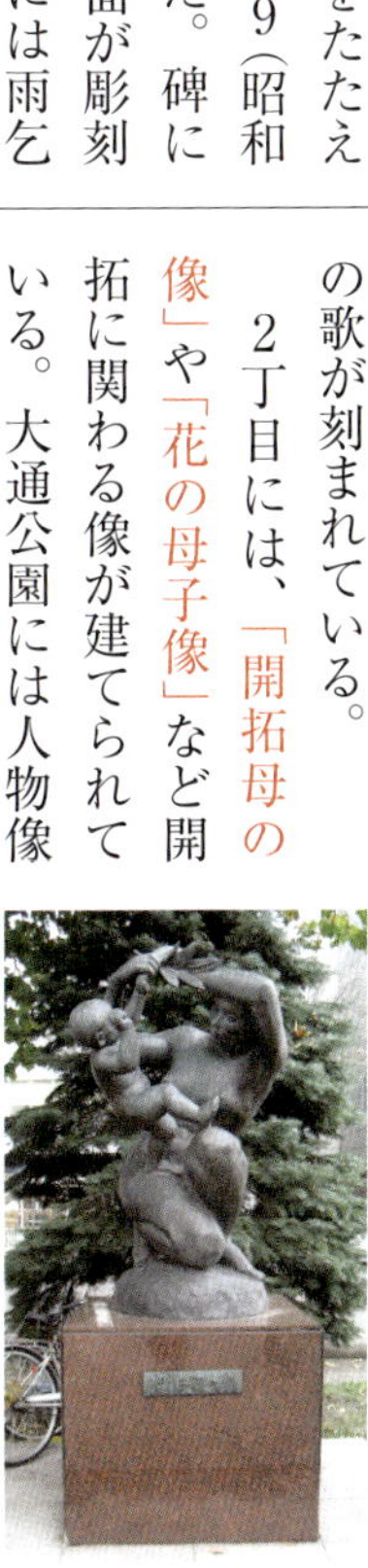
未開の荒野を切り開く姿を表している、開拓の母の像

没後70年を記念して建てられた

ミニ開拓人物史
簗田貞《やなだただし》

1885（明治18）年札幌に生まれ、創成小学校（現・資生館小学校）から札幌中学校（現・北海道札幌南高校）を卒業。当時の札幌はお雇外国人や宣教師が多く、まちに洋風音楽があふれ、幼いころから音楽に親しんでいたこともあり音楽家を目指した。

東京音楽学校（現・東京藝術大学）本科声楽科に進学し、テノール歌手として期待されたが、音楽教育と作曲の道を選ぶ。代表作は『どんぐりコロコロ』（詩：青木存義）、『城ヶ島の雨』（詩：北原白秋）、『隅田川』（詩：小松耕輔）などあり、童謡や唱歌から歌謡曲まで幅広く、現在でも親しまれている。

1959（昭和34）年に東京で生涯を終えるが、9年後の命日に創成小学校の校庭に胸像と『どんぐりコロコロ』の楽譜碑が建立された。

コース21

市電沿いの社寺・郷土資料室・展示室を巡る

130年以上の歴史を持つ札幌祖霊神社

札幌市中央区 コース21

市電 資生館小学校前
▼ 0.3km・3分
❶ 札幌祖霊神社
▼ 0.2km・2分
❷ 真宗大谷派札幌別院
▼ 1.5km・17分
スポット 行啓通（0.5km・6分）
❸ 山鼻記念会館資料室
▼ 0.1km・1分
❹ 山鼻兵村開設碑
▼ 1.4km・16分
❺ 札幌市埋蔵文化財センター
市電 中央図書館前

総ウォーキング距離 約3.5km
所要時間 約3時間

札幌祖《そ》霊《れい》神社

始まりは1871（明治4）年

都心の住宅街の中に鎮座する「札幌祖霊神社」は、開拓使黒田清隆らが1871（明治4）年に奨励して曉野共葬墓地入口に霊祠を建てたのが始まりである。1888（明治17）年に札幌神社から分霊し、屯田兵開拓移民の神道に改葬改宗した斎場として現在に至る。

現在の拝殿は創立130年を記念して改修が行われたものだが、今も変わらず札幌の歴史の中に佇んでいる。

❶ 札幌祖霊神社
●札幌市中央区南5条西8丁目1
●TEL／011-531-7306

本堂、旧御堂は2006年に修復

北の国の念仏道場

真宗大谷派札幌別院

神社の前の道を南方向に歩くと「真宗大谷派（東本願寺）札幌別院」が見えてくる。ここは1870（明治3）年に北海道で開教を志し、現在の国道230号線の基礎となる「本願寺道路」の開削などに着手。その年の7月、札幌に着いた際、与えられた土地に「勅賜《ちょくし》東本願寺管刹地所《かんさつじしょ》」の標木を立てた。そこに現在の寺が建っており、標木のこの文字は今も石柱に刻まれている。最初の御堂は、1871（明治4）年に越後（現新潟県）にある光円寺の本堂を移している。寺の本堂が建立されたのは、1892（明治25）年のことである。2006年の大規模整備事業では、本堂と旧御堂を修復。現在も札幌における東本願寺の拠点であり、また念仏道場としての役割も果たしている。

❷ 真宗大谷派札幌別院
●札幌市中央区南7条西8丁目290● TEL／011-511-0502

1925年に落成した鐘楼堂。梵鐘《ぼんしょう》は戦中に提出され、現在ものは1987（昭和62）年の梵鐘である

当時の貴重な写真や道具を展示

山鼻《やまはな》記念会館資料室

琴似に次ぐ2つ目の屯田兵村として1876（明治9）年に開墾がはじまった山鼻。南西部に位置する藻岩山（やま）の端（は、はな）という意味で山鼻村と名付けられたのが始まりである。山鼻兵村は軍務と開拓のほかに警察的な役割も果たしたのが大きな特徴であった。

「山鼻記念会館」の2階は、資料室になっている。内部には、屯田兵に関する様々な資料や貴重な写真類も展示され、当時の山鼻屯田兵の生活ぶりや活動の姿を知る事ができる。他にも室内には、カシワの木が展示してある。これは1881（明治14）年に明治天皇が北海道開拓視察で山鼻に立ち寄った際に、一本のカシワの巨木を目に留めたことから「お声掛かりの柏」と呼ばれ、既に枯死しているが現在も同地区のシンボルとして親しまれている。

明治期以降の古い写真を見ることが出来る

当時使われていた家具や道具の数々

地区のシンボルであるカシワの木

❸ 山鼻記念会館資料室
●札幌市中央区南14条西9丁目山鼻記念会館2F●開館／火・木曜10：00～12：00、土・日曜10：00～15：00●休館／月・水・金曜・祝日●入場料／無料●TEL／011-512-5020

歴史探訪スポット

「行啓通」

行啓通は明治天皇の行幸にはじまり、1911(明治44)年に後の大正天皇が「お声掛かりの柏」を見る際に整備された道路を行啓道路と呼ぶようになりいつしか行啓通と呼ばれるようになった。道路ができて以後、人口増加に伴い行啓通商店街が誕生している。

歴代天皇も訪れた

山鼻兵村開設碑

この資料室の向かいにある山鼻公園は、かつて山鼻屯田兵の中隊本部が

開村に関わった人々の名前が刻まれている碑

あった場所で、山鼻屯田兵村の練兵場の一部として使用されていた。1881（明治14）年の明治天皇の行幸をはじめ、大正、昭和の歴代天皇や皇太子が行幸した際のゆかりの地として知られている。「山鼻兵村開設碑」は、この公園の中心部に建っている。

兵村開設20周年を記念して1894（明治27）年に建立されたもので、碑の裏には、当時の兵村の様子が刻まれている。

山鼻公園にある、山鼻兵村開設碑

❹ 山鼻兵村開設碑（山鼻公園）
●札幌市中央区南14条西10丁目

札幌市埋蔵文化財センター

さまざまな出土品を展示

山鼻公園から石山通を南に進み、市電が見えてきたところから西に向かうと、「札幌市埋蔵文化財センター」がある。

この施設は、札幌市内にある遺跡の保存や調査、出土品の研究・収蔵・展示を行う施設として1991年に開館した。館内の展示室に入ると、調査の歩みや、想像復元された模型、当時の人々が使った道具や暮らしぶりが展示されている。

また、火起こしができる体験コーナーや複製した土器を触ることができるコーナーもあるので、ちょっとした古代人気分になれるのも魅力だろう。隣接する本の歴史がわかる図書館の歴史コーナーもあわせて利用したい。

❺ 札幌市埋蔵文化財センター
●札幌市中央区南22条西13丁目●開館／8：45～17：15●休館／国民の祝日、振替休日、年末年始（5/3～5/5、11/3は開館）●入場料／無料●TEL／011-512-5430

複製した土器に触れることができる展示コーナーも

中央図書館に隣接

ミニ開拓人物史
助川貞二郎《すけがわていじろう》

札幌の交通体系を確立した先駆者の一人で、市電の生みの親といわれるのが助川貞二郎。現在の茨城県に生まれ、1880（明治13）年20歳のとき北海道に移り住む。

醸造業や不動産業など商才を発揮して次々と新しいビジネスを起こし、1904（明治37）年には札幌市南区の石切山から切り出した石材を運搬し、旅客の輸送をするために札幌石材馬車鉄道合資会社を設立。1916（大正5）年には電車を導入するため、札幌電気軌道株式会社に社名を変更した。市街地に多くの路線を敷設して札幌市電の前身をつくる。

1927（昭和2）年に電車の公営化が成立して市電として運行されたが、路線の大半は当時のルートと重なっている。また定山渓鉄道の事業にも参画するなど、交通面で多くの功績を残した。

コース22

レンガのまちで歴史と建物に出会う

レンガの街野幌を象徴する建物。アンテナショップ内のコーヒーもぜひ味わいたい

レンガの街江別を象徴
EBRI（旧ヒダ工場）

江別市、特に野幌地区は1891（明治24）年以来、100年以上のレンガの歴史を持つ地域。市内ほか周辺地域の土壌に多く含まれ

レンガに囲まれた非日常を感じさせる空間。BGMにはジャズが流れる

江別市 コース22

- JR函館本線野幌駅
- ▼ 0.7km・8分
- ❶ EBRI（旧ヒダ工場）
- ▼ 1.9km・24分
- ❷ 江別市ガラス工芸館
- ▼ 0.4km・5分
- ❸ 錦山天満宮・江別市屯田兵資料館
- ▼ 0.6km・7分
- ❹ 野幌開村記念碑
- ▼ 0.8km・10分
- JR函館本線野幌駅

総ウォーキング距離　約4.4km
所要時間　約2時間

る野幌粘土を原材料としており、鉄道やトンネル、橋のほかサイロ、倉庫建物など、北海道の近代化に大きく貢献してきた。現在でも、江別市は「歴史的れんが建造物保存活用事業」によって400棟を超えるレンガ造りの建造物が保存されており、「れんがのまち」として2004年に北海道遺産にも認定された。JR野幌駅から徒歩8分の位置にある旧ヒダ工場も、「歴史的れんが建造物保存活用事業」で保存された建物。旧ヒダ工場は、1941(昭和16)年に愛知県から移住した肥田房二氏が設立した肥田製陶の工場。

　1951(昭和26)年にいったん火事で焼失したが、レンガ造りの現在の建物を再建、増設した。時代の流れによってレンガの需要が減り、1998には自主廃業することになったが、現在は建物利活用の一環として、商業施設「EBRI」に改装。施設内には「江別アンテナショップGET'S」を始めショップなどが入る。江別市の姉妹都市提携を結ぶアメリカグレシャム市や高知県土佐市との情報交換の場として利用されており、施設内ではグレシャム市の名物ボイドコーヒーを味わえる喫茶コーナーもある。

江別産のれんがは北海道の近代化に大きく貢献

❶ EBRI（旧ヒダ工場）
●江別市東野幌町3-3●営業時間／施設により異なる●休館／年末年始●TEL／011-398-9570

レンガ造りの洋館が印象的

江別市ガラス工芸館

ＥＢＲＩ（旧ヒダ工場）から線路沿いに野幌駅方面にもどり、野幌駅手前で線路を横断して右へ、さらに国道12号をわたって約24分でレンガ造りの古い洋館が視界に入ってくる。「江別市ガラス工芸館」は、１９９４年に「旧石田邸」をガラス工芸作家の工房として改修。

工房のほか、ガラス工芸作品の常設展示、販売を行っており、工房内の見学も可能だ。また、事前に予約すれば吹きガラスの体験もできる。

「旧石田邸」は、江別市の老舗レンガ工場である「北海煉瓦合資会社」の代表社員だった故・石田惣喜知さんが１９４５（昭和20）年頃に邸宅として建てた洋館。非常にモダンな造りで、周囲の自然とマッチし四季折々の印象的な光景で市民の目を楽しませてくれる。

公園内にたたずむれんが造りの洋館。この空間だけ外国のようだ

3つのガラスのリンゴは外からも見える

色とりどりのガラス作品が展示・販売されている

❷ 江別市ガラス工芸館

●江別市野幌代々木町53番地●開館／10：00～17：00（5～10月の土・日曜、祝日）●休館／11月～翌年4月●入館料／無料●TEL／011-384-7620

ウォーキングスポット

「江別市セラミックアートセンター」

北海道のレンガの歴史は江戸時代末期にまでさかのぼる。セラミックアートセンターでは、北海道のレンガ産業の歴史を各種の窯業製品、ジオラマ、模型、映像、写真などで紹介する。ほかにも、「北のやきもの展示室」では道内の窯元の作品を鑑賞でき、陶芸教室もある。

北海道のレンガの歴史ならここ

江別市セラミックアートセンター

●江別市西野幌114-5●開館時間／9：30～17：00（常設展示室）※他の施設は開館時間が異なるので要問い合せ●入場料／高校生以上300円、小・中学生150円●休館日／月曜・祝日の翌日・12/29～1/3●TEL／011-385-1004

野幌の「天神様」と屯田資料館

錦山天満宮《にしきやまてんまんぐう》

江別市ガラス工芸館から道路を挟んで徒歩1分の場所にあるのが錦山天満宮。錦山天満宮は、野幌屯田兵の入植により1889(明治22)年に伊勢皇大神宮から御分霊を奉斎したのが始まり。当初は「錦山神社」として野幌地域の鎮守、五穀豊穣の神として地元の人から崇拝されていたが、1973(昭和48)年に九州大宰府天満宮から菅原道眞公の御分霊を奉斎。「錦山天満宮」と改名し「天神様」として、受験シーズンには多くの受験生が合格祈願に訪れる。錦山天満宮のすぐ横には「江別市屯田資料館」があり、夏期間は有料で見学が可能。数少ない明治期の官庁建築として北海道の有形文化財に指定されている。

受験シーズンには数多くの受験生が参拝する

保存状態が良い屯田兵資料館。冬季は閉鎖

③ 錦山天満宮
●江別市野幌代々木町38-1●授与所窓口／9:00～17:00●TEL／011-383-2467

碑に先人の出身地が刻まれる

野幌開村記念碑

錦山天満宮から約7分で緑豊かな緑地に到着。奥に行くと、開村記念碑が建っている。碑文を読んでみると、北海道への入植者のほとんどが東北出身者という認識が強い中、九州、四国出身者の名が連なっているのに少し驚く。また、「野幌兵村練兵場」と書かれた碑もあり、ここで屯田兵の訓練が行われていたらしい。この碑のそばに、立派な大木があり目を見張る。これは、樹齢100年の「ニセアカシア」で、江別市の保存樹林でもある。100年間、この地を見守り続けていただけあり、威風堂々とした貫禄が感じられる。

緑地内にある野幌開村記念碑

屯田兵の訓練が行われた野幌兵村練兵場

ミニ開拓人物史

立花由松《たちばなよしまつ》

江別最初の定住移民といわれる立花由松。現在の青森県出身の農民で、1867(慶応3)年40歳のときにツイシカリ番屋の通行守として移り住む。

ツイシカリは「対雁」または「津石狩」と表記されており、札幌市の大谷地付近から発する川で、鮭漁と内陸水路交通の要として発展していった。立花は鮭漁の納屋守も務め、通行屋の荒地も開墾していったという。

1871(明治4)年になると本府札幌の集落として対雁村を設け、仙台涌谷領から農家21戸76人が入植し、その5年後には樺太(サハリン)に住む800人以上のアイヌの人々が移住させられた。その後、対雁村には学校や製鉄所ができ賑わうが、鉄道事業により人の流れが変わり、コレラの流行により衰退。ちなみに、幌内の石炭発見功労者は、立花由松の子の立花亥之丞とされている。

コース23

弁天歴史通りに見る、石狩の鮭漁と神様

2000年に完成した約750mの「弁天歴史通り」。写真は石狩八幡神社付近

曹洞宗の寺
曹源寺《そうげんじ》

バス停からなだらかな坂を上り、番屋の湯を左側に見る地点が弁天歴史通りの始まりになる。３分程、北へ歩くと曹源寺。この名称の寺は、群馬、東京、愛知、岡山など全国にある。石狩・曹源寺の建立は１８６３（文久３）年で北海道では歴史のある寺である。

屋根の最頂部にあたる「棟」から軒先の方へ伸びる曲線が美しい、曹源寺

❶ 曹源寺
●石狩市弁天町20

石狩市指定文化財第１号
石狩弁天社《いしかりべんてんしゃ》

見逃してしまいそうな小さな石狩弁天社の創建は１６９４（元禄７）年で、３００年を越える歴史を誇る。鮭の豊漁と石狩に出入りする船の安全を祈願して建てられた。中心となる神様は弁財天（弁天様）であるが、稲荷大明神をはじめ多くの神々が祀られている。

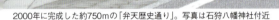

この中には、石狩川の主であるチョウザメと亀を神にした「妙亀法鮫大明神《みょうきほうこうだいみょうじん》」も祀られている。また建物の内外には本州から運ばれ奉納された御神燈《ごしんとう》や絵馬などが残っており、蝦夷第一の鮭の漁場を誇った「石狩場所」の繁栄を示している。

❷ 石狩弁天社
●連絡先／社団法人「石狩観光協会」
●TEL／0133-62-4611

石狩弁天社の中を見学したい場合は連絡を

石狩弁天社の外観

石狩市弁天町 コース23

中央バス「石狩温泉前」停

▼ 0.3km・徒歩3分

❶ 曹源寺

▼ 0.1km・1分

❷ 石狩弁天社

❸ 西国三十三箇所霊場

❹ 弁天歴史公園（併設／楽山居）

▼ 0.2km・2分

❺ 石狩尚古社

▼ 0.4km・4分

❻ 石狩八幡神社

▼ 1.0km・10分

〈ヴィジターセンター〉

▼ 0.8km・9分

❼ ブロンズ像「無辜の民」

▼ 1.1km・11分

❽ いしかり砂丘の風資料館

▼ 0.2km・2分

中央バス「石狩温泉前」停

総ウォーキング距離　約4.1km
所要時間　約2時間30分

1935（昭和10）年の建立

西国三十三箇所霊場《さいごくさんじゅうさんかしょれいじょう》

この霊場は、鮭漁業と北洋漁業で活躍した吉田庄助が故郷新潟の太郎代（浜村）から1935（昭和10）年に太郎代天曝観音《たろうだいあまざらしかんのん》の御分身を安置したことに端を発する。

ひとつひとつ顔の違う観音像が並ぶ、三十三箇所霊場

1937（昭和12）年の和風建築を見る

弁天歴史公園（併設／楽山居《らくざんきょ》）

「弁天歴史通り」の完成に合わせて造られた公園。観光案内所のほかにイスとテーブルを置いた広い休憩所を設けている。石狩の歴史を築き上げた先人たちの苦労をたたえた「先人たちの碑」も配置している。

楽山居は、休憩所と地続きで階段を上がったところにある。ここは旧石狩医院の和室を1937（昭和12）年の建築当時の姿に再生したもの。絞り丸太を使った床の間や付け書院などがあり、純和風の造りになっている。当時は、俳句結社「尚古社」の句会の場や文人墨客のサロンなどに使われていた。

❸ 西国三十三箇所霊場
❹ 弁天歴史公園
●TEL／0133-62-4611（石狩観光協会）

弁天歴史公園のおしゃれな休憩所

立派な和風庭園もある、楽山居の外観

私設資料館

石狩尚古社《いしかりしょうこしゃ》

鮭漁に沸いた明治から昭和の初期にかけて繁盛した中島呉服店。当時の社主らは1856（安政3）年に俳句結社「石狩尚古社」を結成して全国各地と交流するとともに、中島家は多くの俳句資料や収集した書画などを残した。これらを整理して、私費を投じて作った資料館がこの尚古社である。

石狩尚古社の看板

❺ 石狩尚古社
●TEL／0133-62-3380
●担当／中島 勝久
※来場者があるときのみ開館。事前の電話連絡が必要。

ウォーキングスポット

「はまなす丘公園の遊歩道」

遊歩道の入口から赤と白に塗り分けられた石狩灯台の方に向かうと、約400mの板敷きの遊歩道が石狩川沿いに続く。海浜植物の保護区域が目の前に広がり、左に日本海（石狩湾）、右に石狩川という自然満点の風情の中を散歩できる。

建立は1858（安政5）年
石狩八幡神社《いしかりはちまんじんじゃ》

弁天歴史通りに戻ると、左側に石狩八幡神社が見えてくる。ここは1858（安政5）年、函館総社《そうじゃ》八幡宮の末社として建立された。蝦夷地総鎮守《そうちんじゅ》としての歴史を持つ由緒ある神社で、石狩川右岸から現在地に遷座《せんざ》されたのは1874（明治7）年のことである。

木々に囲まれた石狩八幡神社の社殿

❻ 石狩八幡神社
●石狩市弁天町1●TEL／0133-62-3006

開拓者たちの霊に捧ぐ
ブロンズ像 無辜《むこ》の民《たみ》

弁天歴史通りの切れ目からの一本道をさらに北へ進むと、はまなす丘公園の入口にヴィジターセンターがある。ここの2階で休憩をしながら石狩湾を眺めるのもよい。ここから砂浜沿いの道を南下する途中に、本郷新（1905～1980年）の代表作のひとつ「無辜の民」がある。開拓に命を捧げた人々を想いを制作したもので、台座には「この地に生き、この地に埋もれし数知れぬ無辜の民の霊に捧ぐ 1979年本郷新」と刻まれている。

見る角度によって印象が変わる「無辜の民」

石狩の歴史を知る
いしかり 砂丘の風資料館

「無辜の民」から約1・1㎞、番屋の宿の真向かいに「いしかり砂丘の風資料館」がある。展示室は1階と2階に分かれており、1階には石狩の海、川、河口それぞれの自然や歴史に関する資料が展示されている。2階は5000年前から300年前にかけての遺跡「紅葉山49号遺跡」をテーマに展示している。

いしかり砂丘の風資料館の入口

❽ いしかり砂丘の風資料館
●石狩市弁天町30-4●開館／9:30～17:00●休館／火曜（祝日の場合は翌日）、年末年始●入館料／300円（中学生以下は無料）●TEL／0133-62-3711

ミニ開拓人物史
佐藤松太郎《さとうまつたろう》

作家、映画監督、大女優・高峰秀子の夫としても知られる松山善三の小説、「厚田村」は明治末期から昭和の時代の厚田の人々の物語だ。登場人物には、実在した人々をモデルにした部分が多く、佐藤松太郎もその一人だ。

旧厚田村栄誉村民でもある松太郎は若い頃に建てた鮭場が当たり、300人もの人を養っていたと伝えられている。明治40年には道会議員もつとめ、厚田に電気を引いたり公共のために多額の寄付をするなど、地域貢献についても積極的にしていた。

体が大きく当時は村の人たちから「布袋さん」と呼ばれ親しまれていた。1918（大正7）年、スペイン風邪にかかり小樽で57歳の生涯を閉じた。

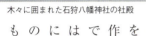

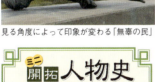

コース24

明治・大正のロマンが香る、小樽の建造物

屋根の鯱（しゃちほこ）がシンボルの旧小樽倉庫、この建物の左が運河プラザで右が総合博物館（海側から見た写真）

北海道で最も古い営業倉庫

旧小樽倉庫（小樽市総合博物館 運河館）

JR小樽駅からまっすぐ港へ向かう緩やかな坂道、中央通りを下ると、小樽運河に架かる中央橋の手前左側に旧小樽倉庫がある。この建物は、1890（明治23）年から1894（明治27）年にかけて加賀の商人・北前船《きたまえぶね》船主の西出《にしで》孫左衛門《まござえもん》、西谷庄八らによって構築された大倉庫である。レンガ造りの事務所を中心に札幌や小樽の軟石を積み上げた大倉庫が左右対称に配置され、瓦屋根の上には除災用の鯱が上げられているのが特徴である。1895（明治28）年には営業倉庫として道内初の法人倉庫会社〝小樽倉庫株式会社〟となった。この倉庫は小樽市の歴史的建造物第13号に指定されている。

開放的な中庭では休憩ができる、旧小樽倉庫の運河プラザ
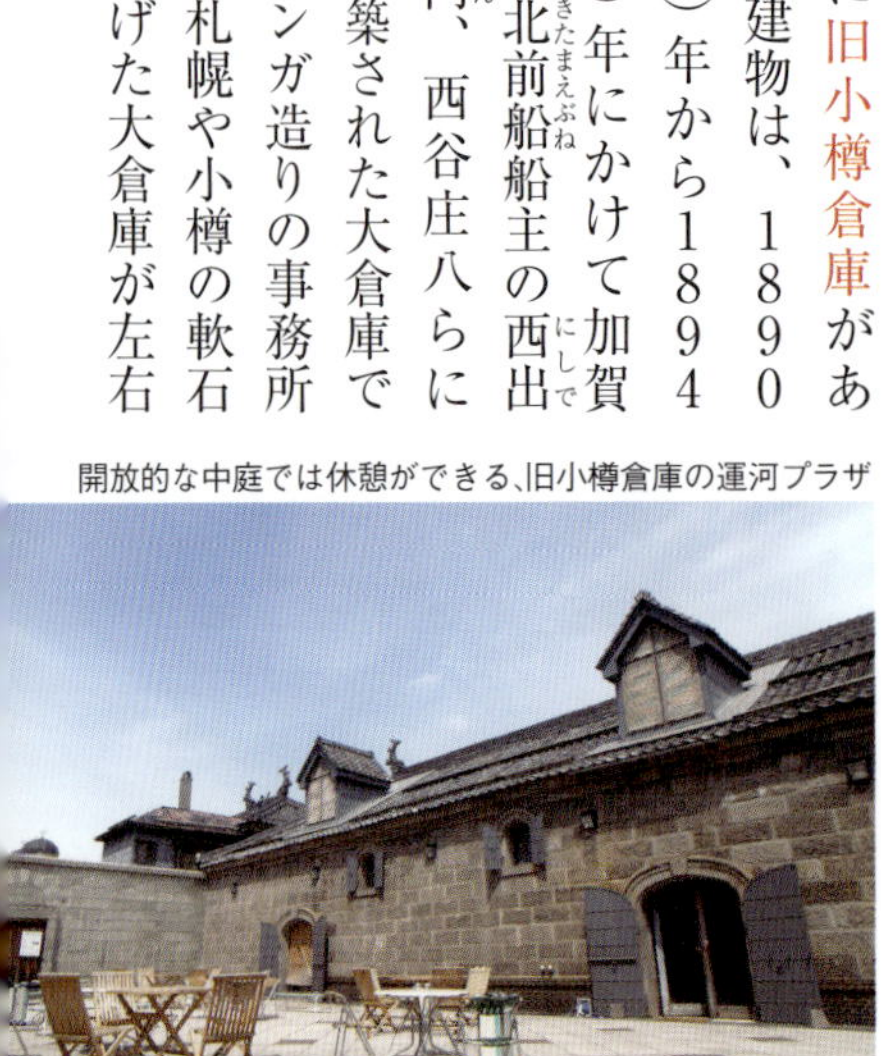

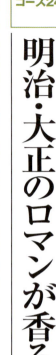

展示室の中央に置かれた北前船の模型

1985（昭和60）年には、北側の倉庫を再利用して小樽市博物館が移転開館し、2007年7月より小樽市総合博物館運河館となった。南側の倉庫は1990年より小樽市観光物産プラザ（運河プラザ）として利用されている。

〈小樽市総合博物館運河館の展示室〉

小樽市総合博物館運河館には二つのテーマに分かれた展示室がある。

第一展示室では江戸中期から明治にかけ、物資流通の中心となっていた北前船

明治大正期を代表する商店の復元展示

小樽市 コース24

JR小樽駅
▼ 0.6km・6分
① 旧小樽倉庫（小樽市総合博物館 運河館）
▼ 0.2km・2分
② 旧大家倉庫
▼ 0.45km・5分
③ 旧篠田倉庫
▼ 0.25km・3分
④ 旧高橋倉庫
▼ 0.1km・1分
⑤ 旧北海道拓殖銀行小樽支店
⑥ 旧三菱銀行小樽支店
▼ 0.1km・1分
⑦ 旧北海道銀行本店
⑧ 日本銀行旧小樽支店 金融資料館
▼ 0.1km・1分
⑨ 手宮線跡地・色内駅跡地
▼ 0.7km・8分
JR小樽駅

総ウォーキング距離 約2.5km
所要時間 約2時間

の活躍や、その後商業都市として発展する小樽の様子を当時の写真や模型によって知ることができる。

第二展示室には小樽の自然と魅力を紹介する2000点以上の資料が展示されている。北海道の動植物の生態や、縄文時代の人々の暮らしが迫力あるジオラマで紹介されている。また、忍路土場《おしょろどば》遺跡から出土された数々の土器や石器を間近で見ることができる。

出土された縄文土器

縄文時代の暮らしのようす

❶ 旧小樽倉庫（小樽市総合博物館 運河館）
●小樽市色内2丁目1番20号●開館／9：30～17：00●休館／年末年始●入館料／大人300円、高校生・小樽市在住の70歳以上の方150円、中学生以下無料●TEL／0134-22-1258

歴史探訪メモ

小樽市の歴史的建造物

小樽市が指定している歴史的建造物は第1号から第85号まであり、文化遺産として高く評価された建造物が現在79件指定されている。（2017年4月現在）

倉庫や民間の建物だけではなく寺院や神社なども含まれている。この中で最も古い建物は祝津漁港のそばにある1863（文久3）年建設の恵美須神社本殿である。

重厚感あふれる 運河沿いの石造倉庫群

小樽の倉庫のほとんどは『木骨石造』という構造である。外観は石造りのように見えて、内部の柱や梁は木材を使っている。この構造は比較的安価であり、火事に強いという特徴がある。内側から天井を見上げてみると、その造りがよくわかる。

〈旧大家《おおいえ》倉庫〉

運河地区の石造倉庫を代表するものの一つである旧大家倉庫は1891（明治24）年に石川県出身の海産商（北前船船主）大家七平《しちへい》によって建てられた個人の倉庫である。外壁に札幌軟石を使用し、越屋根《こしやね》の表面にある「七」の屋号と入口部分の二重アーチが特徴の大倉庫である。小樽歴史的建造物の第1号に指定されている。

旧大家倉庫／小樽市指定歴史的建造物第１号

❷ 旧大家倉庫
●小樽市色内2丁目3番12号
●外観のみ見学自由

〈旧篠田《しのだ》倉庫〉

運河を左に見ながら散策路を歩き中央橋を渡る。そのまま倉庫群の表側に出ると、運河に沿って建てられた倉庫が、曲線を描き連なっている。その中でも目を引く赤煉瓦の倉庫が旧篠田倉庫である。１９２５（大正14）年に建てられた木骨煉瓦造《れんがぞう》の倉庫である。

❸ 旧篠田倉庫
●小樽市港町5番4号●現／小樽運河レストラン輝
旧篠田倉庫／小樽市指定歴史的建造物第63号

〈旧高橋倉庫〉

旧篠田倉庫を後にし、記念撮影スポットとして有名な浅草橋を渡る。臨港線を挟んだ右手に旧高橋倉庫がある。

１９２３（大正12）年に建てられた木骨石造倉庫である。小屋組みは梁を二重に架け、二本の束を左右対称に立てる対束小屋組《ついづかこやぐみ》と呼ばれる洋風の構造である。

❹ 旧高橋倉庫
●小樽市色内1丁目2-17
●現／小樽芸術村ステンドグラス美術館
旧高橋倉庫／小樽市指定歴史的建造物第51号

明治・大正の面影を残す

北のウォール街

浅草橋から伸びる坂道、日銀通りを上がって行くと、色内《いろない》大通りと交差する。この交差点の右側には旧北海道拓殖銀行小樽支店が、左側には旧三菱銀行小樽支店がある。日銀通りをそのまま１００ｍほど上がっていくと、右手に旧北海道銀行本店、その斜向かいには日本銀行旧小樽支店がある。

港に近い色内地区には主要銀行の本・支店が立ち並び、かつては北のウォール街と呼ばれていた。明治時代から大正、昭和初期にかけて、海の玄関口である小樽が最も活気に満ちていた時代である。

〈旧北海道拓殖銀行小樽支店〉

この建物は、１９２３（大正12）年に北海道拓殖銀行小樽支店として建てられた。作家小林多喜二が１９２４（大正13）年から5年間勤めていたことでも知られている。

１９６９（昭和44）年に銀行の移転のため閉鎖されたが、１９８９年より、ホテルや美術館として再利用されている。

旧北海道拓殖銀行小樽支店／小樽市指定歴史的建造物31号。１９９６年には小樽市都市景観賞を受賞

❺ 旧北海道拓殖銀行小樽支店
●小樽市色内1丁目3番1号●現／ホテルヴィブラントオタル

〈旧三菱銀行小樽支店〉

鉄筋コンクリート造り4階建てのこの建物は1922（大正11）年に建てられた。ギリシャ・ローマ風の半円柱が特徴であり、1階の窓の格子は銀行当時のまま残されている。

現在は北海道中央バス所有の観光施設・小樽運河ターミナルとして活用されている。

旧三菱銀行小樽支店／小樽市指定歴史的建造物18号

❻ 旧三菱銀行小樽支店
●小樽市色内1丁目1番12号
●現／小樽運河ターミナル

〈旧北海道銀行本店〉

重厚な石造りのこの建物は、1912（明治45）年に建てられた。正面玄関や窓まわりの石組みのデザインが特徴的である。（現在の北海道銀行とは別の銀行である。）

❼ 旧北海道銀行本店
●小樽市色内1丁目8番6号
●現／ワインカフェ小樽バイン

旧北海道銀行本店／小樽市指定歴史的建造物6号

設計者は東京駅と同じ

日本銀行旧小樽支店金融資料館

日本銀行旧小樽支店の建物は赤レンガで有名な東京駅の設計者・辰野《たつの》金吾《きんご》、長野宇《う》平治《へいじ》らが設計し、1912（明治45）年に完成した。ルネッサンス様式を取り入れたこの建物は、重厚な外観と銅板葺きの屋根に配置された5つのドームが異国的な雰囲気を醸し出している。

また、アイヌの守り神であるシマフクロウをモチーフにした塑像が外壁に18体、内壁に12体あり、職員がいない夜の支店

フクロウの塑像

日本銀行旧小樽支店／小樽市指定有形文化財

ウォーキングスポット

「小樽運河」

1923（大正12）年に完成した小樽運河は水路を掘ったものではなく、沖合を埋め立て、陸との間にできた「埋立て式運河」である。

時代の流れとともに役割を終えた運河はその幅を半分に埋め立てられ、1986（昭和61）年に北海道道17号小樽臨港線が開通。残された運河沿いには石畳を敷いた散策路が整備され、石造倉庫群とともに小樽の観光スポットとなっている。1996年には「都市景観100選」を受賞した。

の見張り役とされていた。

日本銀行小樽支店は2002年に廃止となり、翌年、日本銀行旧小樽支店金融資料館として生まれ変わった。

柱のない大きな吹き抜けのロビーでは、歴史展示ゾーンとして〝北のウォール街〟を再現した模型などを見ることができる。

大理石のカウンターは当時のまま残されている

街並みを再現した模型

❽ 日本銀行旧小樽支店 金融資料館
●小樽市色内1-11-16●開館／4月～11月 9：30～17：00、12月～3月 10：00～17：00 ●休館／月曜●入館料／無料

北海道で最初の鉄道

手《て》宮線《みやせん》跡《あと》地《ち》 色《いろ》内《ない》駅《えき》跡《あと》地《ち》

北海道で最初の鉄道である官営幌内鉄道（手宮～札幌～幌内）の一部として1880（明治13）年に開通した手宮線。石狩・空知地方からの石炭積み出しや、生活物資の輸送など、海陸交通の接点として発展した。北海道の開拓を支えた手宮線は、1985（昭和60）年に廃止されたが、その歴史的価値から、ほぼ全区間の線路が残され、そのうち中央通りからすし屋通りまでの約500mの区間は、散策路として整備されている。

色内駅は、1912（大正元）年に北のウォール街と称された色内地区に臨時駅として開設された。その跡地は現在、散策路のポケットパークとなっている。

米国製の蒸気機関車「弁慶」「義経」が活躍した手宮線

❾ 手宮線跡地・色内駅跡地
●小樽市色内1丁目

プラットホームの面影を残す色内駅跡地

ここからゴールの小樽駅までは8分程度である。

ミニ 開拓 人物史
小《こ》林《ばやし》多《た》喜《き》二《じ》

代表作「蟹工船」で知られる作家・小林多喜二は、小樽にゆかりのある偉人の一人。家族全員で秋田から小樽に移り住み、両親は伯父のパン屋で働きながら生活していた。当時の小樽には北海道開拓のため多くの肉体労働者が過酷な環境の中で働いているのを多喜二は目にしながら育ったのだ。

小樽高等商業学校（現・小樽商科大学）を卒業後、北海道拓殖銀行小樽支店に勤務した多喜二はプロレタリア文学専門の文芸誌に作品を発表するなど、警察からマークされるようになり、「蟹工船」の発表により要注意人物のレッテルを貼られてしまう。

1933（昭和8）年、東京・赤坂で逮捕された多喜二は壮絶な拷問により29歳で亡くなっている。

コース25

小樽のもう一つの顔 教会、寺院、公会堂

厳かな雰囲気が漂うカトリック富岡協会の礼拝堂

小樽市 コース25

JR小樽駅

0.8km・9分

❶ 浅草観音寺

0.4km・4分

❷ カトリック富岡教会

1.0km・11分

❸ 小樽市公会堂

❹ 小樽市能楽堂

1.1km・12分

JR小樽駅

総ウォーキング距離 約3.3km

所要時間 約2時間

平安時代に作られた仏像

浅草観音寺《あさくさかんのんじ》

小樽駅を出発し国道5号線から地獄坂へ入る。5分ほど上った坂の突き当たりに浅草観音寺がある。

この寺に安置されている北海道最古の仏像とされる聖観音像《しょうかんのんぞう》は、平安時代（10世紀後半）に京都・滋賀周

1897（明治30）年に京都の聖護院《しょうごいん》の塔頭有門院《たっちゅううもんいん》を移転建立された浅草観音寺

カトリック富岡教会のルルドのマリア像

辺で作られたものと考えられている。サクラ材による一木造で、部分的に補修しているが、顔や胴体など主要部分は、約千年の時を越えた今もその姿をよく残している。ふっくらとした丸顔が特徴で、その穏やかな表情は人々の心を癒し続けている。平成11年に小樽市指定有形文化財となる。

なお、聖観音像を拝観するには浅草観音寺への予約が必要である。

❶浅草観音寺
●小樽市富岡1丁目19-21
●TEL／0134-22-4869
※拝観は事前連絡が必要

尖塔が目立つゴシック様式

カトリック富岡教会

浅草観音寺からカトリック富岡教会までは200mほどである。ここ小樽のカトリック宣教の歴史をたどると、1882（明治15）年に札幌からの巡回宣教師ウルバン・フォリー神父により始まっている。数度の聖堂建設の後、1929（昭和4）年にカトリック富岡教会聖堂が建てられた。この聖堂は、長崎の大浦天主堂などを模して設計されたと思われる、ドイツ・ゴシック様式を取り入れた木造一部鉄筋コンクリート造りの建物であり、正面玄関の尖頭アーチから八角小塔までの上昇感が表現されて

いる。鐘楼に設置された鐘は初代主任司祭ソラノ・デンケル神父のドイツに住む父親からの贈り物である。この鐘はお告げの鐘と呼ばれ、戦前までは朝昼夕の3回、小樽の町に鐘の音が響いていたという。

1934(昭和9)年には、ルルドが完成し、1958(昭和33)年に玄関脇に移動された。

十字架が青空に映えるカトリック富岡教会

❷ カトリック富岡教会

●小樽市富岡1丁目21-25●TEL/0134-22-6278

●外観は見学自由

礼拝堂は2階にあり、ステンドグラスで装飾されたアーチ窓からやわらかな光が差し込む。

2004年には小樽市歴史的建造物第70号に指定された。

アーチ窓のステンドグラス

歴史探訪メモ

ルルドの洞窟

南フランスの町ルルドにある洞窟に聖母マリアが現れ、その泉の水が人々に奇跡をもたらしたとされている。このルルドの洞窟を模倣し、世界各地で聖母マリア像を収めた"ルルド"が造られている。なお、日本で最初にルルドが作られたのは1899(明治32)年、長崎県の井持浦《いもちうら》教会である。

歴史探訪スポット 「旭展望台・小林多喜二《こばやしたきじ》文学碑」

小樽駅の裏手、標高190mの高台にある旭展望台。小樽の街並みと、港を間近に見下ろすことができ、晴れた日には遠く暑寒別《しょかんべつ》連峰を望むこともできる。

この展望台の駐車場脇に木々に囲まれた空間があり、そこに小樽ゆかりの作家小林多喜二の文学碑がある。1964(昭和39)年に、多喜二の同窓生等が発起人となり、募られた資金で建立された文学碑である。彫刻家・本郷新の設計により何色もの硬石を積み重ねて造られた文学碑は、見開いた書物を模している。右側には多喜二の肖像レリーフと碑銘、獄中の多喜二が友人に宛てた手紙の一節が刻まれている。左側には「働く人のたくましい頭像」がはめ込まれ、その頭上に北極星と北斗七星がデザインされている。この文学碑は、多喜二が愛した小樽の街を見下ろすように建っている。

旭展望台・小林多喜二文学碑

●小樽市富岡2丁目

●トイレ有●冬期間通行止め

明治・大正時代に個人が建てた

小樽市公会堂 小樽市能楽堂

車寄せ付の正面玄関

〈小樽市公会堂〉

小樽商科大学へと続く坂道、商大通りを上る。妙龍寺《みょうりゅうじ》手前で左折し、小樽市公会堂を目指す。

この建物は、1911(明治44)年に当時の皇太子(大正天皇)の北海道行啓の際の御宿泊所として小樽の豪商、藤山要吉《ふじやまようきち》により現在の小樽市民会館の地に建てられた。単層和風建築で、用材の大部分に北海道産蝦夷松《えぞまつ》を使用している。行啓後小樽市に寄贈され、集会などを目的とした公会堂となった。1960(昭和35)年に現在地に移築され、鉄筋の地下部分を増設し、現在もホールや集会所として小樽市民に利用されている。

小樽市の歴史的建造物に指定されている小樽市公会堂

〈小樽市能楽堂〉

小樽市公会堂の裏手に併設されている能楽堂は、旧岡崎家能舞台である。この能舞台は1926(大正15)年に荒物雑穀商の岡崎謙が自宅邸内に建てたものであるが、1954(昭和29)年に小樽市に寄贈され、昭和35年の公会堂移設に伴い、現在地に移された。

なお、能楽堂の一般公開は、6月1日から8月末日までの3ヶ月間、公会堂内にある能楽展示室は一年中見学可能である。

公会堂を出ると向かいにある小樽市民会館の前を通り、市役所と図書館の間を抜け小樽駅へと戻る。

能楽展示室には能楽衣装や小物などが展示されている

❸ 小樽市公会堂・❹ 小樽市能楽堂

●小樽市花園5丁目2-1●TEL／0134-22-2796
●開館9:00～17:30●休館／年末年始 ※小樽市能楽堂は6～8月のみ一般公開

ミニ開拓人物史

西出孫左衛門《にしでまござえもん》

小樽倉庫株式会社の創業者・十一代 西出孫左衛門は、北海道の貨物の集積地として小樽を考え倉庫会社を1890(明治23)年に設立。道東の昆布と日本海側のニシンが集まる好立地だったからという考えからだったようだ。

1905(明治38)年、小樽倉庫の経営権を委譲。函館に進出していた西出は北洋漁業の基礎をつくっただけではなく、実業家としても函館銀行の取締役や区会議員、商工会議所特別議員として活躍。一時は現在の函館山も、西出が所有していたほどだったと伝えられている。

郷里の石川県でも大聖寺水電株式会社の社長、八十四銀行取締役としても活躍し、1938(昭和13)年に永遠の眠りについた。

コース26

小樽の歴史的なお寺や神社を訪ねる

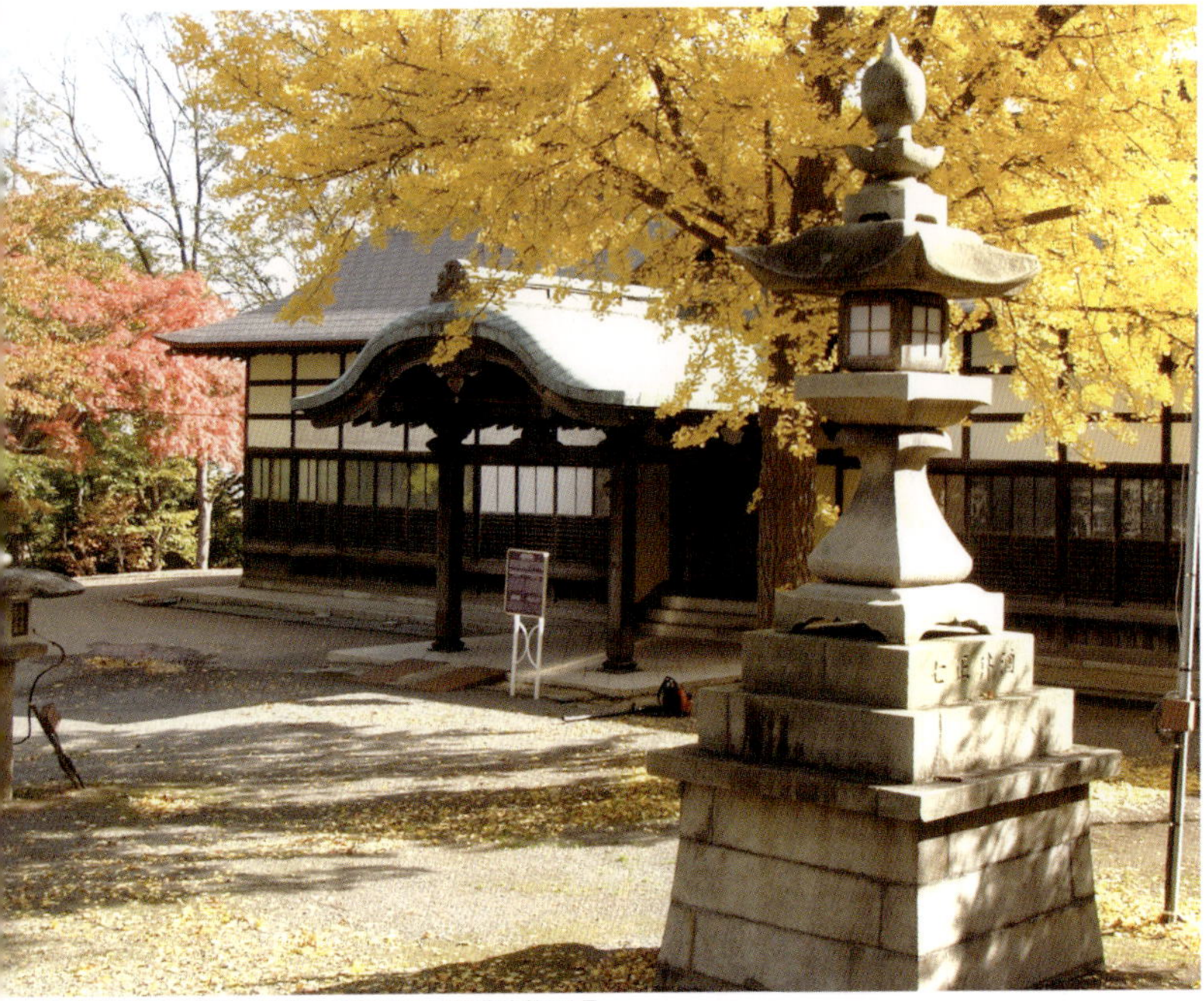

住吉神社の社務所／小樽市指定歴史的建造物第61号

小樽市 **コース26**

JR南小樽駅

0.4km・4分

▼

❶ 住吉神社

0.6km・7分

▼

❷ 龍徳寺

0.7km・8分

▼

❸ 宗圓寺

1.6km・18分

▼

JR南小樽駅

総ウォーキング距離　約**3.3**km

所要時間　約**2**時間

小樽総鎮守の森

住吉《すみよし》神社

ＪＲ南小樽駅から４００ｍほどのところにある住吉神社は、今から約１５０年前の１８６８（明治元）年に創建された伝統と格式ある神社である。２度の移転の後１８８１（明治14）年に現在の場所に移った。当時は墨江《すみのえ》神社と呼ばれ、住吉神社と改称したのは１８９２（明治25）年のことである。現在の社殿は、鎮座百年を記念して１９７２（昭和47）年に建て直したもので、社務所と本殿・拝殿は地下道でつながった珍しい造りに

白壁に朱色の柱が映える社殿

なっている。

社務所は、1934（昭和9）年に建てられた趣のある和風建築である。設計は小樽市公会堂も手掛けた加藤忠五郎《ちゅうごろう》によるもので、木造の社務所としては北海道内で最大の規模である。1994年に小樽市指定歴史的建造物となる。

住吉神社の祭神は、底筒《そこつつの》男神《おのかみ》、中筒男神《なかつつのおのかみ》、表筒男神《うわつつのおのかみ》の住吉三神と、巌島神の息長帯姫命《おきながたらしひめのみこと》の四神。海上の守護神とされる四神は、小樽の海と人々の安全を守ってきた。毎年7月に行われる住吉神社例大祭は、〝小樽まつり〟と呼ばれ、水天宮《すいてんぐう》まつり、龍宮神社まつりと並ぶ小樽三大祭の一つである。また、大正時代中期に作られた北海道最大級の「百貫神輿《ひゃっかんみこし》」の渡御も有名である。

坂の上にある住吉神社境内からは小樽の海を見下ろすことができる

❶ 住吉神社
●小樽市住ノ江2-5-1
●TEL／0134-23-0785

手水舎の龍の水口

小樽市の歴史的建造物に指定されている龍徳寺本堂

小樽最古の伝統

龍徳寺《りゅうとくじ》

住吉神社から国道5号を赤井川国道の方へ進み、奥沢十字街を過ぎると右手に龍徳寺が見えてくる。本堂は、小樽で最古の寺院本堂である。1876（明治9）年に上棟されたこの建物は木造平屋建てで、銅板葺の大きな屋根が特徴である。本堂左手の金比羅殿と鐘楼は1889（明治22）年に創建されたものだ。また、本堂には巨大な木魚があることでも知られている。日本一ともいわれるその大きさは、直径1.3m、高さ1m。重さは330kgもある。1933（昭和8）年に制作し、寄贈されたこの木魚は、九州産の楠の一本彫りである。

表面に美しい模様が彫られた巨大木魚。右下の赤色の木魚が通常のサイズである

❷龍徳寺
●小樽市真栄1-3-8
●TEL／0134-22-0523

歴史探訪スポット「五百羅漢の坂」

龍徳寺から山へ向かって上って行くと、急に道幅が狭くなり勾配もきつくなる。宗圓寺へと続くこの坂道は、五百羅漢の坂と呼ばれている。曲がりくねった急な坂を上りきり、振り返ると小樽の街と港が眼下に広がっている。

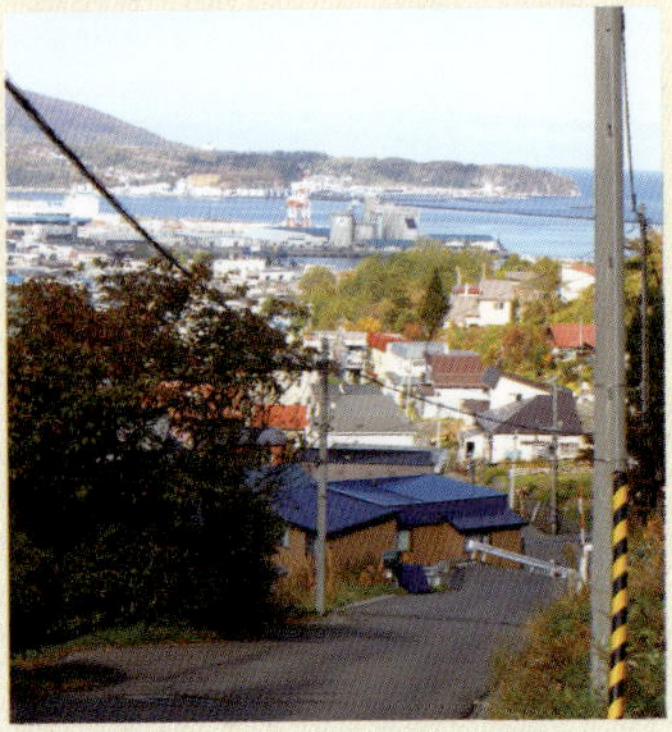

五百羅漢の寺

宗圓寺《そうえんじ》

五百羅漢《ごひゃくらかん》とは、釈迦に付き従った500人の弟子たちのことである。

宗圓寺境内にある御影石の観音像

五百羅漢像は、十四代章廣《あきひろ》が供養のため南部藩主に依頼し、1825（文政8）年盛岡より勧請し宗圓寺に納めたといわれている。制作時期は、11体が室町から桃山時代、236体が江戸中期、268体が江戸末期と推察されている。このうち江戸中期のものの製作者「暉常《うんじょう》」は最近の調査で松前の能面師であったことが判ったが、羅漢像の大半が江戸中期から末期のものであり、製作者についても一様ではない。

五百羅漢像を安置している宗圓寺は、1630（寛永7）年に松前藩主七代公廣《きんひろ》の追善供養のため福山に建立されたが、1909（明治42）年に羅漢像とともに小樽に移設された。

北海道指定有形文化財である五百羅漢像。木造の古い羅漢像が500体そろっていることは全国的にも例がないといわれている

❸ 宗圓寺
●小樽市潮見台1-19-10●TEL／0134-22-7772
●9:00～17:00●12～3月休

丈六釈迦如来坐像を囲み、515体の羅漢像が安置されている

ミニ開拓人物史
廣井勇《ひろいいさみ》

近代土木の先駆者・廣井勇は、小樽港をはじめ港湾、橋梁など全国にその足跡を残している。内村鑑三、宮部金吾、新渡戸稲造らと同じ札幌農学校2期生として学んだ後、自費で渡米しミシシッピー川の河川改修事業などに携わりながら、設計・施行を実際の現場で学んだ。

約6年の留学生活を終えて、帰国した廣井は札幌農学校の教授として迎えられ、北海道庁の技師を兼任しながら北海道の港湾建設に携わり、その代表的なものが小樽港だった。

1899（明治32）年、東京帝大工科大学に教授として招聘された廣井は多くの傑出した人材を育てながら1928（昭和3）年、狭心症により65歳で人生に幕を下ろした。

展示ゾーン・モシリのチㇷ゚（丸木舟）。桂の大木を使ったものとしては日本一の大きさ

コース27

アイヌの歴史と文化的景観に触れる

アイヌ民族の伝統を未来に受け継ぐ

二風谷《にぶたに》 アイヌ文化博物館

北海道に人が住み始めたのはいつであるか?少なくとも2万数千年前以降であることがわかっている。旧石器文化・縄文文化など連綿と続く人の暮らしの移り変わりの中で、江戸時代の諸記録にみられるようなアイヌ文化の姿が徐々に形づくられてきたのである。

町立の二風谷アイヌ文化博物館はバス停からすぐである。この「アイヌ」という言葉は、アイヌ語で「人間・男性など」を意味する。1991年に開館した、館内の展示室は「アイヌ」（人々の暮らし）、カムイ（神々のロマン）、モシリ（大地のめぐみ）、モレウ（造形の伝統）の4つのゾーンに分けて展開されている。

これらのアイヌ民族の伝統的な生活文化に関する標本資料のベースになっているものは、二風谷に在住した故・萱野茂氏が半世紀にわたり収集した民具

天に伸びるような屋根が特徴の外観

や自ら復元製作したものである。この中の919点が2002年に重要有形民俗文化財の指定を受けている。

ここは大自然と共生し、人間としての誇りを尊び、独自の知恵と精神を発揮したアイヌの想いが如実に伝わってくる博物館である。

なお、博物館の敷地内には「チセ」というアイヌの家屋が復元されている。チセは堀建て丸太柱構造で、屋

アットゥシ(樹皮衣)。この民俗衣装の織に使っている糸はオヒョウの木の皮で作られている。アイヌの人たちは、野山の草や木に熟知していた

❶ 二風谷アイヌ文化博物館

●沙流郡平取町二風谷55●開館／9：00〜16：30、4/16〜11/15は無休●休館／月曜(11/16〜4/15)、12/16〜1/15まで館内整備のため休館●入館料／大人400円、小中学生150円●TEL／01457-2-2892

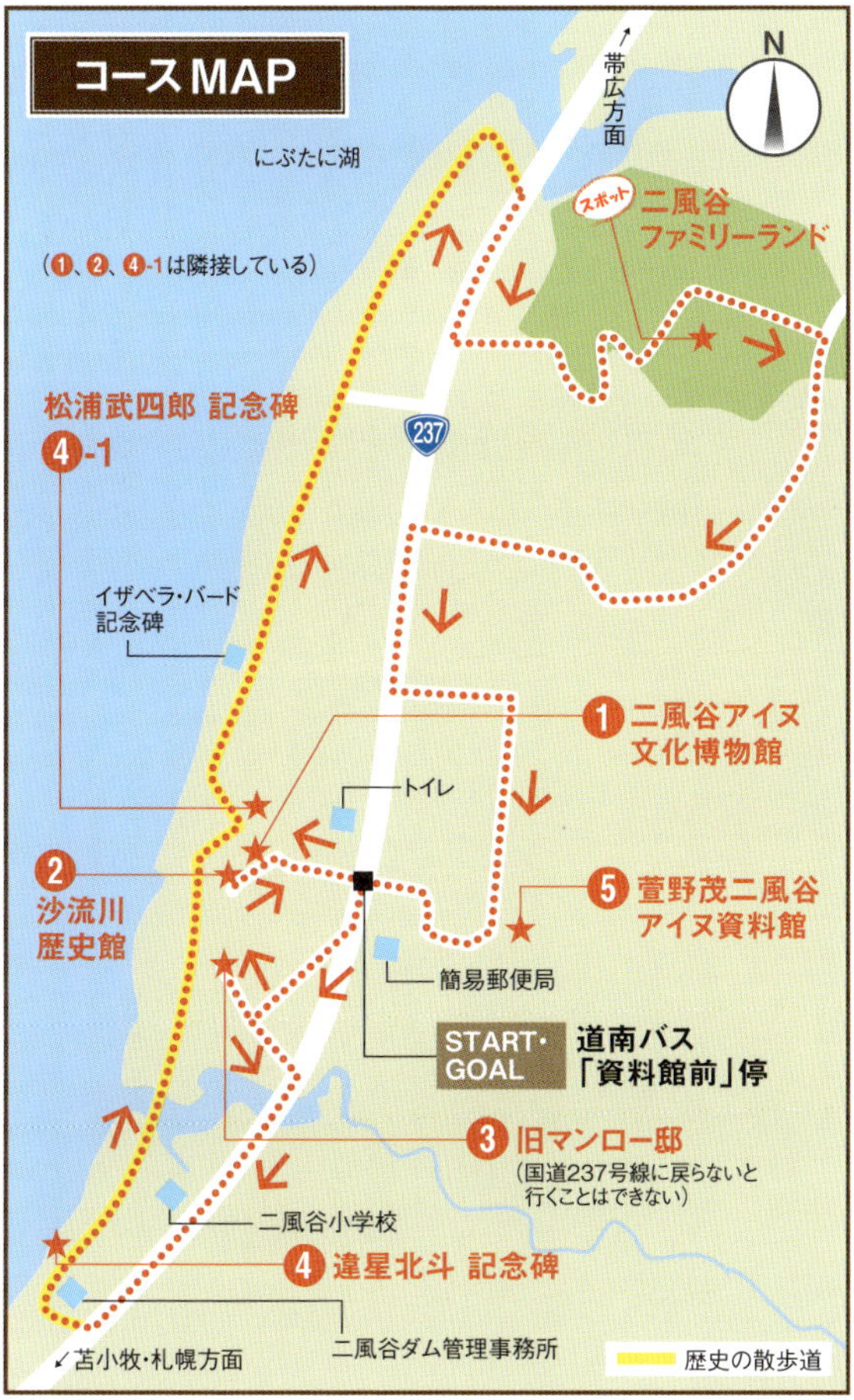

平取町 コース27

道南バス「資料館前」停(日高国道・237号)

▼ 0.2km・2分

❶ 二風谷アイヌ文化博物館

▼ 隣接

❷ 沙流川歴史館

▼ 0.5km・6分

❸ 旧マンロー邸(マンロー館)

▼ 0.8km・9分

❹ 歴史の散歩道(違星北斗 記念碑)

▼ 0.8km・9分

❹-1 歴史の散歩道・松浦武四郎 記念碑

▼ 1.8km・20分

スポット 二風谷ファミリーランド

▼ 3.0km・33分

❺ 萱野茂二風谷アイヌ資料館

▼ 0.2km・2分

道南バス「資料館前」停(日高国道・237号)

総ウォーキング距離 約7.3km
所要時間 約4時間

根は寄棟、棟の両側は急勾配になっている。葺き材は地域差があり、茅、木の皮、笹などが使われる。

写真はポロチセ。ポロとは大きなという意味で「大きな家屋」

展示ゾーン・カムイのイクパスイ（捧酒箸）。カムイへの祈りに用いられるイクパスイは、アイヌの願いを神に伝えてくれる伝達者でもある

川が育んだ歴史を見る

沙流川《さるがわ》歴史館

北海道に人が住み始めたのは、およそ紀元前2万年のころ旧石器時代。ここ沙流川流域も、川の豊かな恵みを求めて人が集まり、集落が形成されていった歴史を持つ。川筋に開けた人々の暮らしの足跡を語る出土した遺物、豊かな沙流川の生態などをじっくり見ることができる。また、10～11世紀の擦文時代のものと推定されている、土器や金属器も見ものである。

沙流川歴史館の入口

❷ 沙流川歴史館
●沙流郡平取町字二風谷227-2●開館／9:00～16:30●休館／月曜（祝日の場合は翌日）年末年始●入館料／無料●TEL／01457-2-4085

出土した土器が並ぶ展示室の一部

博士の旧邸宅兼診療所

旧マンロー邸（マンロー館）

沙流川歴史館から来た道をもどり、国道に出てすぐに右に入ると、木々の繁っ

ウォーキングスポット「二風谷ファミリーランド」

広さは25ha余り、ランド内にはパークゴルフ場、オートキャンプ場など10余の施設がある。歩道もあるので自然の中、施設を見ながら歩くことができる。ここには岩風呂が人気の「びらとり温泉」もある。

二風谷ファミリーランド
●沙流郡平取町字二風谷94-8●開館／施設により異なる●TEL／01457-2-3807

た小道がある。この小道を300mほど歩くと、マンロー博士の旧邸宅兼診療所が見えてくる。英国人医師N・G・マンロー博士（1863〜1942年）は、1932（昭和7）年に軽井沢から二風谷に移住。地域の人たちへの診療にあたりながら、アイヌ民族の研究にも取り組み、数多くの業績を残している。現在、この建物は北大大学院文学研究科・文学部二風谷研究室として使われている。

おしゃれな洋館、旧マンロー邸

平取町百年記念碑

歴史の散歩道

国道に出て南に下ると、歴史の散歩道の基点となる「違星北斗《いぼしほくと》の記念碑」がある。1929（昭和4）年に28歳で亡くなったアイヌ三大歌人のひとりである。ここから2・5㎞ほど続く、にぶたに湖沿いの道が歴史の散歩道で、村役場開設100年記念の1999年に造られた。

各分野で北海道のために活躍した偉人、九人を讃えるための記念碑（プレート）が建っている。

二風谷アイヌ文化博物館のそばに建つ、松浦武四郎の記念碑

❸旧マンロー停
❹歴史の散歩道
●TEL／01457-2-2221（平取町役場）

アイヌ伝統文化の継承

萱野茂《かやのしげる》二風谷アイヌ資料館

二風谷アイヌ文化博物館と並び、アイヌ民族の伝統文化を受け継ぐもうひとつの館がここである。二風谷に在住した民俗文化研究家の故・萱野茂氏の個人コレクションが展示されている。アイヌ民族関係の所蔵品だけではなく、世界各地の先住・少数民族の資料も展示。またチセなどの野外展示、ユカラ（英雄叙事詩）関連の資料もある。

❺ 萱野茂二風谷アイヌ資料館
●沙流郡平取町二風谷79●開館／9:00〜16:30●休館／特になし（12月〜3月は、館長宅2-3295に事前連絡を）●入館料／大人400円、小中学生150円●TEL／01457-2-3215

アイヌ民具600点余がある、館内の一部

萱野茂二風谷アイヌ資料館・外観

コース28

オホーツク文化を伝える「モヨロ貝塚」

2005年、遺跡の発掘調査が行われたときのモヨロ貝塚の現場

網走市 コース28

JR網走駅

1.5km・17分

① モヨロ貝塚

② モヨロ貝塚館

0.8km・9分

③ 永専寺

0.5km・6分

④ 網走市立郷土博物館（桂ヶ丘公園内）

2.0km・22分

JR網走駅

総ウォーキング距離　約4.8km
所要時間　約2時間30分

大正2年、民間人が発見した モヨロ貝塚

ＪＲ網走駅を背にして網走川にかかる新橋を渡り、国道39号を１・５㎞ほど歩くと、網走市北１条東から北３条東にかけて「モヨロ貝塚」がある。

ここはアマチュアの考古学研究者だった、米村《よねむら》喜《き》男《お》衛《え》氏が１９１３（大正２）年に網走を訪れ発見した貝塚である。米村氏は青森県の出身で当時、函館で理髪師をしており、発見後は遺跡の調査と研究のために網走で米村理髪店を開業した。

アイヌ民族の研究をして

いた、この理髪師による遺跡発見は1936（昭和11）年に国の史跡に指定される偉大なものであった。
発見当時、この貝塚は従来とは全く異なる1000年ほど前の遺跡であることがわかった。どの民族とも異なることから、現地の村の名前をとり「モヨロ人」と呼び、貝塚も「モヨロ貝塚」と名づけられた。

遺跡は、一つの層の厚さが1mほどで、数層もある巨大な貝塚である。その後の調査で、竪穴式住居跡や墓をともなう集落の遺跡であることがわかった。縄文文化後期から近世アイヌまでの各文化期の遺物が出土する、考古学の宝の山のようなところである。さらに驚くべきことは、縄文文化やアイヌ文化とは違う文化の存在

本州と北海道の考古学編年表

年代	本州	北海道
20,000年前	旧石器文化	旧石器文化
10,000年前	縄文文化	縄文文化
	草創期	
	早期	早期
	前期	前期
	中期	中期
	後期	後期
	晩期	晩期
2,000年前	弥生文化	続縄文文化
	古墳文化	
	奈良	擦文《さつもん》文化 オホーツク文化
	平安	
1,000年前	鎌倉	
	室町	アイヌ文化
200年前	江戸	
	近代	

が明らかになったことで、それが5〜9世紀頃にオホーツク海を中心に展開されたオホーツク文化である。

モヨロ貝塚の「オホーツク人」は日本史年表でいえば、奈良朝から平安朝いっぱいまでオホーツク沿岸にいて、多くの遺跡を残した人々ということになる。

❶ モヨロ貝塚
●TEL／0152-43-3090
（網走市立郷土博物館）

普通の平地にしか見えないが熱い歴史を秘めている

発掘の様子を再現
モヨロ貝塚館

モヨロ貝塚の海側に建つ、モヨロ貝塚館。館内に入ると地下展示室があり、ここには遺物や貝塚、人骨の埋葬の様子を発掘時のように再現して展示している。左から右へ年代層（年代順）ごとに見て行くことができ、最下層には6000〜7000年前の土器や石器が置かれている。最上部は、いわゆるアイヌの人々の文化となっている。

モヨロ貝塚館の外観

年代層ごとに遺物と説明板が配置されている展示室

❷ モヨロ貝塚館
●網走市北1条東2丁目●開館／9:00〜17:00（11〜4月〜16:00）●休館／月曜、祝日、年末年始●入館料／大人300円、高校生・大学生200円、小中学生100円●TEL／0152-43-2608

ウォーキングスポット

「桂ヶ岡公園」

桜の名所としても知られている桂ヶ岡公園。広さは6.0ha、園内はウォーキングに最適である。隣接して桂ヶ岡砦跡（チャシ）もあり、歴史を学びながら、四季折々の自然が楽しめる。

公園内の桜並木

桂ヶ岡公園
●網走市桂町1丁目●お問い合せ／網走市観光課
●TEL／0152-44-6111（代）

網走市の有形文化財

永専寺

モヨロ貝塚から0・8㎞ほど南に下ると、永専寺。この寺の山門は、明治末期に網走刑務所で作られた正門で、1922（大正11）年に寺に払い下げられ、復元されたものである。

刑務所の門であったことも変わっているが、建築物としても和風と洋風を混合した珍しいものである。

永専寺の山門

❸ 永専寺
●網走市南6条東2丁目
●TEL／0152-43-3277

見ごたえのある展示物がいろいろ

網走市立郷土博物館

北海道でも最も歴史の古い博物館のひとつで、オープンは1936（昭和11）年。米村喜男衛（名誉館長）氏がモヨロ貝塚で長年にわたり収集した考古、民族資料の約3000点が提供され、それが基礎となり「北見郷土館」として開館した。1948（昭和23）年には網走市に移管、1961（昭和36）年には別館が増築されている。

館内にはモヨロ貝塚で発掘された独自の文化を持つ出土資料のほかに、網走の豊かな「自然」と古代から現代にいたる「歴史」の流れを展示解説している。

おしゃれな造りの網走市立郷土博物館

モヨロ貝塚出土の続縄文土器

網走の近代の歴史がわかる展示物

❹ 網走市立郷土博物館
●網走市桂町1丁目1-3●開館／9：00～17：00（11～4月～16：00）●休館／月曜、祝日、年末年始●入館料／大人120円、小中学生60円●TEL／0152-43-3090

ミニ開拓人物史

中川《なかがわ》イセ《いせ》

「網走開拓の母」と呼ばれた中川イセは、網走市議会初の女性議員として上水道敷設による水質改善、人権擁護運動、女性の地位向上などに尽力。1901（明治34）年、山形県生まれで政治家になる前の波乱に富んだ人生が、1968（昭和43）年にテレビドラマ化されている。

中川は北海道を代表する女傑といわれ、そのエピソードも枚挙にいとまがない。戦時中に米兵が日本人女性を強姦に来るとデマが流れ、女性たちが大混乱。中川は「私が裸で馬に乗り米兵をおびき寄せるので、その隙に逃げるように」と彼女たちを鎮め、実際に日本刀を手に馬で海岸を駆けた。この一件で女性たちは中川に心酔し、市議会議員になってからも絶大な人気だった。

2007（平成19）年1月1日、105歳で命を閉じるまで、伝説をつくり続けた。

ア行

カ行

サ行

マ行

ヤ行

ラ行

タ行

ナ行

ハ行

●構成
藤田貢也

●編集
浅井精一・藤田貢也・盛田真佐江・魚住有・宗前純子・草苅いずみ・近江蘭

●デザイン
斎藤美歩・高野道子・柏原志保・上田真未・三浦義行・デイズ・クリエイティブ
笹村明博

●イラスト
松井美樹

●制作　株式会社カルチャーランド

北海道　ぶらり歴史探訪ルートガイド

2019年3月30日　第1版・第1刷発行

著　者　北海道の歴史を見て歩く会（ほっかいどうのれきしをみてあるくかい）
発行者　メイツ出版株式会社
代表者　三渡 治
〒102-0093 東京都千代田区平河町一丁目1-8
TEL：03-5276-3050（編集・営業）
03-5276-3052（注文専用）
FAX：03-5276-3105
印　刷　シナノ印刷株式会社

ご意見・ご感想はホームページから承っております。

メイツ出版ホームページアドレス　http://www.mates-publishing.co.jp/

編集長：折居かおる　副編集長：堀明研斗　企画担当：折居かおる／千代　寧

※本書は2010年発行の『北海道　歴史探訪ウォーキング』を元に加筆・修正を行っています。